# OPENNESS《オープネス》

# 職場の「空気」が結果を決める

北野唯我



ド社

もし、あてはまるものが
１つでもあるなら、
あなたの会社は「オープネスが低い」
かもしれません。

- □ チームで「成功体験」のみがシェアされている
- □ 「なぜあの人が出世するのか」の理由、根拠がわからない
- □ 直属の上司を「飛び越えて」質問しづらい
- □ 今年になってから「社長の顔」を一度も見ていない
- □ 上司が「なんでも相談して」と言いつつ席にいない
- □ メンバーと経営陣が、直接話す機会はほとんどない
- □ 会議はいつも「特に意見なし」で決まる
- □ チームの予算が未達であることを、上司に相談しづらい
- □ 「部署を越えた質問、情報のやりとり」がしづらい
- □ 社長が経営で「何を重視しているか」を知らない

オープネス（OPENNESS）
それは……

現代のビジネスシーンの変化を
象徴するコンセプトである。

オープネスは、

①この国の職場に最も欠如している要素の1つであり、

②従業員の満足度や、企業業績との相関性が高いこと

がわかっている。

**しかし、**

**この愛すべきオープネスは**

**まだまだ謎も多く、**

**一般には浸透していない。**

## そこでこの本では、

①オープネスとはいったい何で、
②なぜ重要であり、
③それをどう活かすべきか

をオリジナルの理論とデータで
解き明かしていきたい。

さあ一緒に、
オープネスの
〝謎〟に迫る、
冒険に出かけよう。

# はじめに

多くの人がそうであるように、私も「なぜ著者がこの本を書いたのか」を知ってからその本を読むかどうかを決定したい。そこで先に結論を述べると、本書は「オープネス」にまつわる次の2つの事実をあきらかにしている。

**①日本の職場に必要な要素のうち、最も足りないのは「オープネス」と呼ばれる、開放性である。そして、これは業績との相関がデータで認められている**

**②組織には「重力」が存在し、何もしなければ下へ下へと自然落下する。そして、組織の崩壊は事業の足を引っ張るが、それを防ぐには、オープネスを利用し、「戦略を変えるべき3つのタイミング」を見逃さないことが必要になる**

もう少しやさしい視点から言うならば、この本は、次のような悩みにも答える本になっている。

・高い成果を出し続けるには、組織の〝何を〟変えればよいのか？
・できることなら、今の職場環境をよくしたいけれど、〝自分にできること〟は何か？
・明日から、自分や仲間がもう少し〝楽しく出社できる〟ようになるコツは？

## 長期的な業績に影響を与える「オープネス」

世の中にはすでにたくさんの組織・チーム戦略の本がある。ただ、それらを手に取ったとき、私たちがやや物足りなく感じるのは、次の２つが原因ではないだろうか。

①結局、「業績とどれぐらい関係があるのか？」が明確ではないこと
②「期待値とのギャップ」という概念を取り入れていないこと

たとえば「実力主義か」「ティール組織であるかどうか」「心理的に安全であるかどうか」といったことは、実は枝葉の手段の話であり、本当に大事なのは次の２点のみだ。

**図 01　組織戦略で重要なのは、業績に影響を与える項目が期待値を超えること**

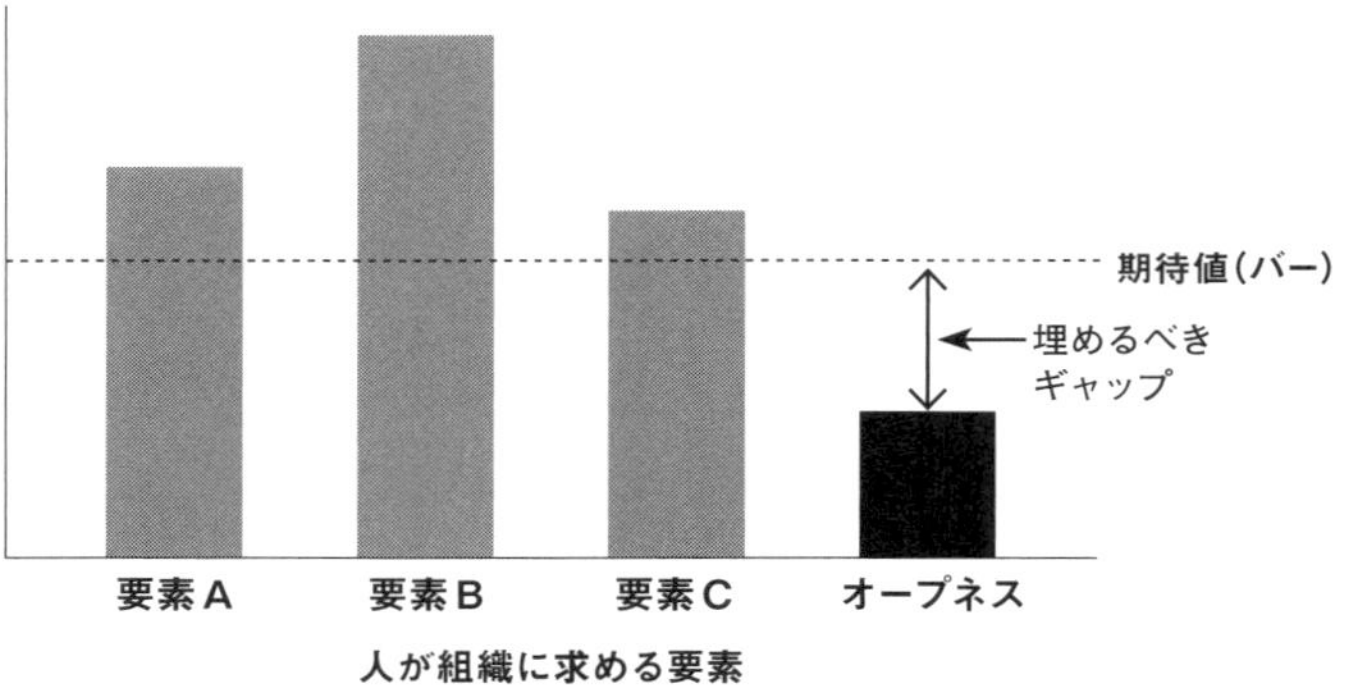


期待値とのギャップを埋め、業績につなげるのが組織戦略の役目

**「結局、その組織戦略は業績にも好影響があるのか？」**
**「その組織は働いている人が求める『期待値』を超えられているか？」**

どういうことだろうか？

まず、ここで言う「働いている人」とは、従業員や経営者を指すが、人は職場に対してさまざまな「期待値（＝バー）」がある。

結婚でたとえるなら、「億万長者だが性格が最悪な人と一緒にいられるか」は、相手に求める「お金」と「性格」への期待値（バー）で決まる。バーさえ超えていれば、「この人はちょっと性格に問題があるけれど、お金があるから結婚してみようかな」という決断をすることができる。

行き着くところ、組織戦略とはこのバーを超えるために最善策を練ること、そして、それを業績に反映させることの2点に尽きる。

そして今、この国の職場で最もバーを下回り、長期的な業績にマイナスのインパクトを与えてしまっている要素の1つは間違いなく、「オープネス（開放性）」である。

では、いったい「オープネス」とは何なのか？

先に結論を述べると、**「オープネス」とは情報の透明性であり、戦略のクリアさであり、リーダーの自己開示性である。** 組織運営において最も重要な要素の1つであり、優れたリーダーにとってこれを高めることは最も必要な技術と言える。具体的には3つの要素だと、本書では定義している。

## オープネスを決める3つの要素

### ①経営開放性

経営者が社員にどれだけ情報を開示しているか？ 取締役／執行役員の顔と名前、思想などを、現場のメンバーが認知、理解している割合。

**②情報開放性**

従業員が、自分の仕事を意思決定する上での十分な情報が容易にアクセスできる状態にある（と感じている）割合。

**③自己開示性**

従業員が、ありのまま自分の才能を自由に表現しても、他者から意図的な攻撃を受けないと信じている割合。

人々が職場に求めるものは時代に応じて変わる。20年前と今では、働くことへの価値観や、職務を遂行する上での環境は異なる。そして、人々が職場に求める要素や環境が変わるということは、それに対峙する経営側も変わらなければならないということだ。つまり、オープネスとは、

## 現代が求めた、新たな経営のコンセプト

なのだ。

では、オープネスとはより詳細には何で、どんな時代背景から来ていて、なぜそれが必要となってきているのか？　そして、どうバーを超えればいいのか？　本書の前半（第1章～第3章）には、この謎に対する答え――オープネスの正体がすべて書いてある。

## オープネスは「組織のカナリア」として機能する

後半（第4章）では、オープネスを使った組織戦略を具体的に示している。組織というのは、放っておくと「重力」のようなものに引っ張られ、必ず下へ下へと状態が悪化していく。第4章ではこのメカニズムを描くとともに、リーダーやマネジャー、経営者が、戦略を切り替えるべき「3つのタイミング」を提示している。加えて、このときオープネスが「組織のカナリア」として機能する理由をあきらかにしている。

組織のカナリア？　3つのタイミング？

「どういうことだ？」と思った方もいらっしゃるかもしれない。

ビジネスを成長させるために最も重要なポイントの1つは、間違いなく「ベストなタイ

ミングをつかむこと」にある。私自身が一貫して、戦略を担当してきたからこそ思うが、

**戦略とは生き物であり、タイミングに合わせて、変わっていくもの**

だからだ。たとえば、ビジネスモデルやビジョンといったものは、それほど頻繁には変わらない（むしろ頻繁に変わっては困る！）。

だが、定説と異なり、最適な戦略は実はタイミングによって割と変わりゆくものだ。なぜなら、

①競合やマクロの動きは事前に完全には予測できず、思わぬ「びっくりパンチ」を食らうことがあるから

②組織やチームは人の心に影響を受けるため、日次、週次単位で細かく変化するから

だ。言い換えれば、時間軸の入っていない戦略論は実用に耐えきれない。そして、この時間軸を理解するために「オープネス」が役に立つ。なぜなら、オープネスとは〝組織のカナリア〟だからだ（簡単に言うと、一番初めに危機に反応するのだ！）。

## 豊富なデータと理論を「実践」に活かすための本

本書の特徴は、データがふんだんに使われていることだ。私は、データとは、①身近である一方で、②「分析のための分析」として使うものではなく、「先に仮説があり、それを検証し、実践に活かすもの」と解釈している。つまり、わかりやすく言うと、**「実用性＞＞＞証明性」**ということだ。

したがって、この本でもところどころで、厳密な証明性よりも、よりわかりやすく、より使いやすいことを優先している。データ分析を専門にする人からすると、証明性にやや物足りなさを感じる点もあるかもしれないが、この点は本書の目的を考慮し、ご了承いただきたい。

最後に、本書は「なぜオープネスが大事なのか」を、オリジナルの理論とデータを用いながら確認していくが、今回利用しているデータは、３２０万人、８４０万件以上の社員のクチコミに基づき、企業の年収、待遇から職場環境までを評価したサイト「OpenWork」

（旧Vorkers）を運営するオープンワーク株式会社から提供を受けている。私は現在、同社の外部アドバイザーとして契約を結んでおり、戦略担当のサポートをしている（したがって、門外不出のデータもたくさん使うことができている！）。

また、今回のデータ分析には、同社のデータサイエンティスト・本多雄太朗氏と、経営企画ディレクター・黒田亮平氏にも多大な協力をいただいている。両者のサポートがなければ、決してこの本を執筆することができなかった。深く感謝を申し上げたい。

それではまず、どうやって私がオープネスを発見したのか、その経緯からのぞいていきたい。

さぁ、オープネスの謎に迫る旅に出かけよう！

著　者

# もくじ

OPENNESS《オープネス》
職場の「空気」が結果を決める

はじめに 8

# 第1章 オープネスの発見

「株価当てゲーム」に私が猛烈にハマったワケ 26
見えなかった「職場の空気」が可視化されつつある 31
「職場環境のデータ」が株価へ及ぼす影響度 33
データが示す事実「職場の空気が企業の結果を決める」 39

社員の士気が高い企業は、事業のピボットもうまくいく　46
「改善できる余地」はどこにあるのか　52
第1章であきらかになった「オープネス」の正体　64
〈参考〉本書のデータの読み方　65

# 第2章 オープネスとは何か

なぜ人は社員のクチコミをのぞきたがるのか　76
「経営開放性」「情報開放性」「自己開示性」とは何か　82

「変われた企業」と「変われなかった企業」を分けたもの 89
「大企業は変化が苦手」は真実か 100
「社長の名前がバイネームで書かれる」となぜよいのか 107
「顔をオープンにする」ことはコミットする姿勢の表れ 114
風通しの悪い組織は「グレートカンパニー」にはなれない 117
「給与は低いが満足度が高い企業」は存在するか 124
オープネスの誤解① 「高ければ高いほどいい」わけではない 131
オープネスの誤解② 「大きい組織だと高められない」はウソ 133
オープネスの誤解③ 「オープネスが高い組織＝フラットな組織」ではない 136
「オープネス」と「戦略」は対の関係にある 140

第2章であきらかになった「オープネス」の正体 143

# 第3章
# オープネスをどう高めるか

オープネスを「邪魔しているもの」は何か 146
オープネスを阻む罠① ダブルバインド「言行不一致」が人の心を蝕む 151
オープネスを阻む罠② トーション・オブ・ストラテジー「戦略わかったふりおじさん」が組織を壊す 158

オープネスを阻む罠③ オーバーサクセスシェア
リーダーは失敗例こそシェアせよ 163
経営開放性を高める――失敗への対応、経営者をやっている理由を伝える 168
情報開放性を高める――印象性、アクセス性、質疑性を高める 173
自己開示性を高める――一人ひとりがもつ才能を仕事にクロスさせる 179
COLUMN リーダーができる「オープネスを高めるアクション12選」 188
第3章であきらかになった「オープネス」の正体 190

# 第4章

# オープネスをどう使うか


ウサギの生存戦略に学べ　192
オープネスは「組織のカナリア」　197
事業と組織には、モメンタムがある　200
「予防」の打ち手①　勝ちグセの強化戦略　210
「予防」の打ち手②　ロードウェイ改善戦略　218
「早期治療」の打ち手　「白い嘘」をついてはいけない　221
「手術」の打ち手　アロケート戦略と撤退生存戦略　227

組織にも「ライフサイクル」が存在する 236
「組織の力」は採用や資本市場にダイレクトにヒットする 240
第4章であきらかになった「オープネス」の正体 249
おわりに 250

# 第1章

# オープネスの発見

# 「株価当てゲーム」に私が猛烈にハマったワケ

その日、私は「株価当てゲーム」をしていた。株価当てゲームとは、企業情報から「その企業の上場時の時価総額を当てる」という遊びだった。手順はこうだ。

まずは、財務情報を調べる。上場時に提出される、「新規上場申請のための有価証券報告書」で売上はいくらぐらいか。利益はどれぐらいなのか。まずは、5分程度さくっと調べる。

そこから、上場時の社長インタビューをユーチューブで20分ほど見る。最近では、上場当日のインタビューをネットで公開していることが多い。動画では、社長自らが「これからどれぐらい事業が伸びるのか」「そもそも何をやっている会社なのか」などを20分程度で語ってくれる。

この動画は「株価当てゲーム」にとって、〝定性的な意味〟で貴重な情報源になりえる。

なぜなら、社長が直接話す姿を通じて、社長の器、頭の良さ、性格などをある程度予測することができるからだ。「あぁ、この社長はたぶん営業出身で、パワハラ系だろうな」とか、「この人は技術畑だろうから、プロダクトがいいのか」「この社長、完全にサラリーマン気質でイマイチだな」といった風だ。

この時点で私は、なんとなく「時価総額」を予測する。たとえば、営業利益（または、EBITDA：税引前利益に支払利息、減価償却費などを加えて算出される利益）が30億円。この事業ドメインなら、それに対する時価総額の倍率は○○倍ぐらいかな。だって、1年前に上場した同業他社のPER（株価収益率。業績に対して、株価の割安度を測る指標。低いほど割安。純利益にPERをかけると、時価総額が算出できる）があれぐらいだったから。だとしたらまあ、妥当な時価総額は500億円ぐらいだろうな！と。

なんとなくその会社の雰囲気をつかんだら、今度は、社長の経歴をネットで調べて、私の直感を検証する。「やはり、営業出身だったのか」「トヨタ出身なのね！」という風にだ。

## 誰も見てこなかった「職場環境のデータ」で会社の実態を把握せよ

その後、最も重要なデータ検証を行う。

それが**「職場環境のデータ」**の検証作業だ。
実際にその会社で働いている人、かつて働いていた人の「会社に対する評価」を見るのだ。私は慣れた手つきで、ジョブプラットフォームのサイトを開き、その会社の「職場環境のデータ」を見る。たとえば、法令遵守に問題がないか？　従業員には十分な給与が払われているか？　社風は独善的なのか、それとも民主的なのか？　そういったことを見る。

なぜなら、これらのデータから見えてくる**「職場の空気」**は、あきらかに今後の成長可能性に影響を与えるからだ。

たとえば、「社員（若手）の士気」「人材の長期育成」が極端に低い会社は、仮に今は利益が出ていても、社内はかなり疲弊していることが多い。

とくに、スタートアップの場合、上場に向けて社員は〝なんとか歯を食いしばって〟耐えているが、上場が終わり、ロックアップ（大株主などが公開後の一定期間、市場で持株を売却しない旨、公開前に契約を交わす制度）と言われる期間が終われば、彼らは一目散に去っていく。優秀な人たちが逃げていくのだ。これは事業の成長に致命的なダメージを与える。

## 図02 これまで見えづらかった「職場環境のデータ」が可視化された

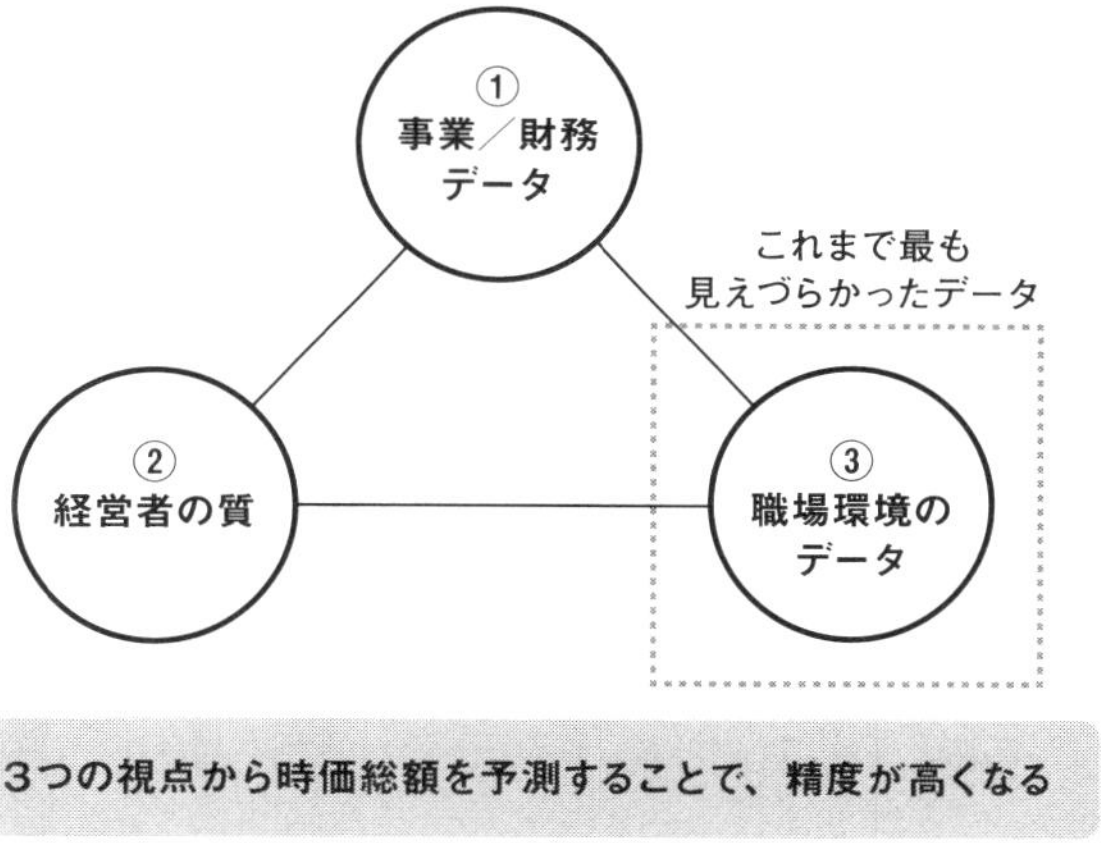


当然だが、投資家が大企業ではなくスタートアップに投資するときに重視するのは、短期的な利益ではなく、「長期的に事業が伸びるかどうか」だ。その意味で、従業員を大事にしていない会社というのは、〝上場がゴール〟になりやすく、投資家の期待値を下回りやすい。だから、私は時価総額をディスカウントして予測するのだ。

最後に実際の時価総額と私の予測の誤差をチェックして、ゲームは終わる。

この「株価当てゲーム」（厳密には時価総額当てゲーム）は、一時期、私が猛烈にはまっていた遊びだった。投資目的ではなく、単純に〝面白い〟からやっていた。だから、株を買うかどうかはどうでもよかった。むしろ、その会社の数字、社長の器や人となり、職場環境のデータを通じて、その会社の実態を正確に理解することのほうが楽しかった。

この遊びで鍛えられた感覚は今、会社の経営をするときも、取材や対談で多くの経営者と対話するときも、とてつもなく役に立っている。

なぜなら、自分の中で「こういう社長はこういう傾向がある」「こういう風にすると、組織は崩壊しやすい」という理論モデルができあがったからだ。

# 見えなかった「職場の空気」が可視化されつつある

今、我々が生きている時代の面白さというのは、これまで見えなかった「職場の空気」がデータで見えることにある。

金融庁が主導するEDINET（有価証券報告書等の電子開示システム）の登場によって、世の中には「事業・財務のデータ」を分析するサービスがあふれた。Ｙａｈｏｏ！ファイナンスなどの無料のサービスもある。あるいは、経営者の経歴は有価証券報告書に記載されているし、その人柄はインタビューなどで垣間見ることができる。

ただし、最も重要な〝隠れた真実〟を含む「職場の空気」は、これまではデータで見ることはできなかった。しかし、これが今、少しずつ見えるようになってきているのだ（これはビジネスオタクとしては興奮するだろう！）。

## 株価予測のＡＩ分析にも「職場の空気」が使われる

実際、この隠れた真実はプロの目から見ても、きわめて貴重なデータソースになりつつある。たとえば、今回利用しているオープンワーク社のデータは、世界で最も有名な外資系金融機関（誰もが知っているあの会社だ！）に対して提供されている。無論、その理由は、彼らの株価予測のＡＩ（人工知能）分析にデータを組み込むためだ。

あるいは、日本の再生ファンドの先駆けとなり、現在一部上場企業の経営者である人物は、オープンワーク社のデータベースについて「かなり信頼性のあるデータだ」「自分の過去の経験からの予測と一致している」と表現している。

では、実際、どんなことがわかるのだろうか？　そして、「職場の空気」は業績にどれほどのインパクトがあるのだろうか？

先に結論を述べると、かなりのことがわかるのだ。本書の中で、順番に解き明かしていこう。なお、本書で出てくるデータの読み方、用語やデータの詳細については第１章の最後（65ページ以降）にまとめてある。

# 「職場環境のデータ」が株価へ及ぼす影響度

まず、次ページ図03の表を見てほしい。

「残業時間」「有給休暇消化率」や、「e-NPS」などの合計11項目の相関係数を見たものだ。NPS（Net Promoter Score）は世界的に知られている指標で、1から10までの10段階でそのサービスや企業への愛着を測ることができる。フォーチュン500社の3分の1以上が利用している、最も信頼性の高い指標の1つだ。e-NPSは、これの従業員バージョンである。

今回のケースでは「あなたは現在の職場で働くことをどの程度親しい友人や家族にすすめたいと思いますか?」と聞き、10段階で評価しているデータを使っている。つまり、「職場への総合的な満足度」を表している。

## 図 03 職場環境のデータの相関にはバラツキがある

| | 風通しの良さ | 社員の相互尊重 | 20代の成長環境 | 人材の長期育成 | 法令遵守意識 | 人事評価の適正感 | 待遇面の満足度 | 社員の士気 | e-NPS | 残業時間 | 有給休暇消化率 |
|---|---|---|---|---|---|---|---|---|---|---|---|
| 風通しの良さ | | 0.569 | 0.569 | 0.249 | 0.106 | 0.335 | 0.263 | 0.572 | 0.608 | 0.114 | 0.277 |
| 社員の相互尊重 | | | 0.494 | 0.397 | 0.078 | 0.276 | 0.145 | 0.644 | 0.418 | 0.015 | 0.097 |
| 20代の成長環境 | | | | 0.189 | −0.219 | 0.575 | 0.173 | 0.746 | 0.346 | 0.408 | −0.063 |
| 人材の長期育成 | | | | | 0.537 | 0.187 | 0.527 | 0.350 | 0.611 | −0.133 | 0.208 |
| 法令遵守意識 | | | | | | −0.133 | 0.432 | −0.046 | 0.530 | −0.412 | 0.507 |
| 人事評価の適正感 | | | | | | | 0.352 | 0.616 | 0.231 | 0.324 | −0.117 |
| 待遇面の満足度 | | | | | | | | 0.297 | 0.715 | 0.027 | 0.278 |
| 社員の士気 | | | | | | | | | 0.479 | 0.243 | 0.016 |
| e-NPS | | | | | | | | | | −0.076 | 0.469 |
| 残業時間 | | | | | | | | | | | −0.406 |
| 有給休暇消化率 | | | | | | | | | | | |

e-NPSとの相関が強い項目　職場の空気（ソフト面）での相関が強い項目　職場の制度（ハード面）での相関が強い項目

※対象レポート：2014年7月から2019年6月までに投稿された全レポート（ただし、2013年以前の退職者を除く）

※レポートn数：21万3099件、企業n数：2383社を元に著者分析

※数値が高いほど相関関係がある（参考：0.7〜1 かなり強い相関あり、0.4〜0.7 相関あり、0.2〜0.4 弱い相関、0〜0.2 ほとんど相関なし。完全に相関する場合、数値は1となる）

**とくに職場の満足度に影響を与えているのは、「風通しの良さ」「人材の長期育成」「法令遵守意識」「待遇面の満足度」「社員の士気」の5つ**

## 職場の満足度を高めるには「5つの要素」が重要

表から、いくつかのことがわかる。

まず、これら11の項目は大きく、2つのクラスターに分かれている。1つは、職場の空気に関する「ソフト面」であり、もう1つは制度に関する「ハード面」のものだ（次ページ図04参照）。

さらにわかることは、各項目単体での相関係数の差だ。11の項目のうち、とくにe-NPSとの相関が高く職場の満足度にとって重要そうなものは、5つある（風通しの良さ、人材の長期育成、法令遵守意識、待遇面の満足度、社員の士気）。

もちろん、相関と因果は違うが、少なくとも「どちらかが高ければ、もう1つも高い傾向にある」とは言える。

これをまとめると次ページ図05のようになる。

## 図04 発見①＝職場の満足度は２つのクラスターに分けられる

| | |
|---|---|
| 「職場の空気（ソフト面）」に関係する項目 | 風通しの良さ、社員の相互尊重、20代の成長環境、社員の士気 |
| 「職場の制度（ハード面）」に関係する項目 | 人材の長期育成、法令遵守意識、待遇面の満足度 |

※クラスター分析を元に著者作成

## 図05 発見②＝「e-NPS」との相関が高いものは５つある

| | |
|---|---|
| 相関が高い項目 | 風通しの良さ(ソフト)、人材の長期育成(ハード)、法令遵守意識（ハード)、待遇面の満足度（ハード)、社員の士気（ソフト) |
| 相関がまったくない項目 | 残業時間 |

## 「従業員が不満」でも「結果が出ていれば」いい？

ただ、問題は「それが、経営課題になりえるかどうか？」だ。というのも、たとえば、仮に従業員の満足度が低くても、それが業績とまったく関係なければ「そんなことは、どうでもいい」という経営判断もできてしまうからだ。極論すると「従業員の満足度なんて、無視していいよね！」となりえる。

あるいは、仮に業績との関係性が強くても、「改善できる余地」がなければ、意味がない。なぜなら、「So What?（だから何？　どうすればいいの？）」が欠けているからだ。

ということは少なくとも、私たちが「職場環境のデータ」を見る前に、次の2つのことを検証する必要がある。

**①従業員の満足度は、「業績」にも強い影響を与えること**
**②従業員の満足度は、「改善できる余地」があること**

実際には、業績や株価、時価総額に影響を与える要素として、やはり事業ドメインの存在は無視できない。今から馬車のビジネスをやっても伸びづらいし、音楽のレコードビジネスをもう一度復活させるのは厳しい。その意味で「職場環境のデータは業績に最も強い影響を与える要素ではないが、強い影響を与える要素ではある」という仮説が立てられる。

そして後述するが、その傾向は今後強くなっていく。

それはなぜだろうか？

そして本当に「職場の空気」は、「業績」に影響を与えるのだろうか？

順を追って見ていきたい。

# データが示す事実「職場の空気が企業の結果を決める」

**職場の空気は、企業の業績を決める。**

この事実を確認するために、2つの面白い論文を紹介したい。1つは、アメリカのデータを使っているもので、もう1つは日本のデータを使っている。1つずつ見ていこう。

## 従業員満足度がパフォーマンスに影響する

まず、1つめは「Glassdoor」というサービスについて書かれた論文[※]だ。Glassdoorとは、2007年創業のサービスで、社員や求職者による企業のクチコミ情報を軸にした、求人情報検索サイトだ。つまり、アメリカ版の「従業員クチコミデータ」が載っているサイトだと思ってもらって問題ない。

そして、この論文では、Glassdoorのパネルデータを使って回帰分析を行っており、面

※Symitsi, E., Stamolampros, P., & Daskalakis, G. (2018). Employees' online reviews and equity prices. *Economics Letters*, 162, 53-55.

白い結論を出している。ちなみに、〝パネルデータ〟とは、「とても横断的なデータ（複数項目を、時系列で集計したデータ）」のこと。たとえば、Ａさん、Ｂさん、Ｃさんの３人について、彼らの年収や年齢、生まれ、出費などの複数項目を調査するとき、これらの複数項目を「時系列でとったもの」だ。

このパネルデータを回帰分析した結果、次のことがわかっている。

- **従業員満足度とＲＯＡ（総資産利益率：すべての資本をいかに効率的に運用できているかを表す指標）には正の相関がある**
- **従業員満足度が高い企業は、将来的に業界平均を上回るパフォーマンスが出やすい**

簡単に言うと、従業員がハッピーに働いていると、他の競合よりも、業績や株価が上がる傾向にあるということだ（当たり前っちゃあ当たり前の話だ）。

ちなみに、この論文ではファクターモデルを用いて分析が行われている。〝ファクターモデル〟とは「物事の考え方」の１つで、主に金融資産のリターンを予測するために使われる。ファクターとは「要因」のことを指すが、これは「みんなに共通している要因」と

「その企業だけが影響を受ける要因」を分けましょう！　その上で、その企業特有の係数だけを気にしましょう！　ということだ。

たとえば、自動車A社の業績が、直近3年間で急激によくなっているケースを考えよう。この場合、その理由を考えるには、「自動車業界全体の業績がよかった部分」と「そのA社特有でよかった部分」に分けて見る必要がある。

簡単に言うと、「ちゃんと要因を分けましょう！　その上でリターンを予測しましょう」ということだ。

そして、この分析の結果、従業員満足度が高い企業では「将来的に業界平均を上回るパフォーマンスが出ること」が確認されている。つまり、**「職場環境のデータは、〝未来の業績予測〟に影響を与える」**のだ。

## 将来の財務諸表にも影響を与える

さらに、とても興味深い論文がある。

日本証券アナリスト協会の論文「従業員口コミを用いた企業の組織文化と業績パフォーマンスとの関係」（西家宏典、津田博史　２０１８）だ。この論文では、オープンワーク社のデータを分析して、2つの明確な結論を出している。

1つは**「職場の空気は、将来の財務指標に強い影響を与える」**、もう1つは、**「職場の空気に応じて投資した結果、ファンドのリターンが平均値より高かった」**ということだ。

まず、この論文では、オープンワーク社に登録がある上場企業のうち、約3万件の「組織文化」に関するクチコミを、センチメント分析(感情分析)と言われる方法で分類している。

センチメント分析とは、ある文章を、その意見が「ポジティブか、ネガティブか、ニュートラルか」をできる限りのバイアスを除きながら判断する方法だ。たとえば、あなたがこんな文章を目にしたとしよう。

「この会社には感謝していて、給与にも満足しています」

この文章を見たとき、もしあなたが「この意見はポジティブですか? ネガティブですか? ニュートラルですか?」と聞かれたら、普通の感覚だと「ポジティブ」だと判断するだろう。

センチメント分析では、バイアスをできるだけ省きながら、機械学習などを使ってこれを分類していく。この分析は、アンケートの統計処理などでよく使われているが、たとえば、ある広告キャンペーンが「世の中からどう評価されたのか?」などを判断することができる。

話を戻そう。このクチコミデータが、ポジティブか、ネガティブかわかれば、次は「ポジティブとネガティブ」の割合を、月次や年次で追っていくことができる。こうすれば、たとえば、「徐々にネガティブなコメントが増えている」、あるいは「ポジティブなコメントが増えている」ということがわかる。

これを追っていけば、「職場の空気」がよくなっているか、悪くなっているか、を把握することができる。つまり「職場の空気」をスコア化できるのだ。

結果、この論文では次のことを言っている。

- **組織文化の急激な悪化は、将来の財務的リスク悪化(負債比率)に強い有意差がある**
- **組織文化の悪化は、売上変化率の悪化に、強い有意差がある**

より正確には原文を読んでいただきたいが、これらの項目は、有意水準1％（ある事象が起こる確率が偶然とは考えにくいと判断できる基準）が認められている。言い換えれば、「偶然ではほとんど説明できないレベル」。かなり本当っぽい、ということだ。

## 「職場の空気がよくなった会社」の株を買った結果

もう1つ、この論文には「株価予測」に関する面白い分析がある。それは、前述した「職場の空気」をスコア化したデータを用いて、「ファンドのリターン」を検証する、というものだ。

より具体的には、「2010年から2017年にかけて、もしこのスコアの変化率に応じて、投資を行ったとしたら、リターンはどうなるか？　平均よりパフォーマンスがよくなったのか？　悪くなっていたのか？」を検証している。簡単に言うと「職場の空気がよくなった企業の株を買い、悪くなった企業の株を売っていったら、そうではない場合と比較して、どうなっていたのか？」を見たのだ。

詳しい説明は論文に譲るが、結論としては、その上がり幅は、他の方法（コントロール変数）と比べても有意差があるレベルに高い、という結果になっている。つまり「職場の空気」は業績に強い影響がある、のだ。

では、問題は、「なぜなのか？」だ。なぜ職場の空気は、業績に影響があるのだろうか？
そこには構造的な理由があったのだ。

# 社員の士気が高い企業は、事業のピボットもうまくいく

「なぜ従業員満足度は、将来の事業価値に影響を与えるのか」

これを考えるためには、そもそも「従業員は何にコミット（約束）しているか？」を考える必要がある。本来、人がどこかの企業で働くとき、企業は従業員にいくつかのコミットメントを求める。

1つめは「事業」、どんなビジネスをするか。2つめは「場所」、どこで働くか。3つめは「組織」、どんなチームで働くかである（言われてみれば当たり前の話だ！）。

その意味で「従業員の士気が上がれば事業もよくなりやすい」というのは至極当然な結論である。

だが、問題は**「従業員のコミットメント量の増減」**にある。

図06 従業員がコミットしているものは時代で変わる

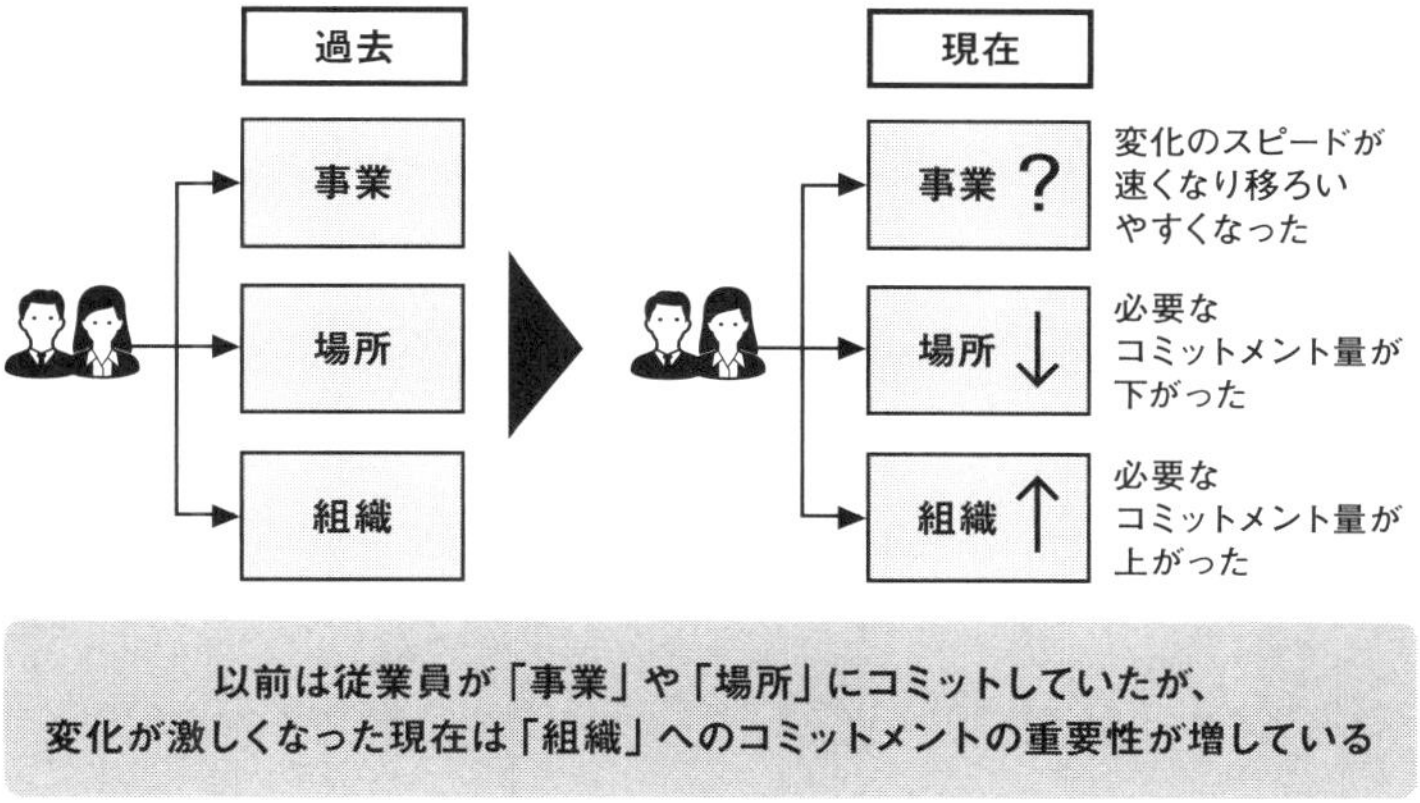


VUCA〈変動性〈Volatility〉、不確実性〈Uncertainty〉、複雑性〈Complexity〉、曖昧性〈Ambiguity〉〉の時代、つまり変化のスピードが速くなるということは、事業の寿命が短くなるということ。その結果、たとえば事業部Aで働きたくて入った社員も、10年後には事業部A自体がなくなっている、ということがありえる。

あるいは、ソフトウェアのビジネスはハードウェアのビジネスに比べて「物理的な場所」への制限が弱い。わかりやすく言うと、工場に張り付く必要がない。つまり、この10年の変化というのは、「何にコミットするのか」の重要度が相対的に変化したことを意味する（図06参照）。

言い換えると、**経営は「事業」や「場所」**

**だけではなく、「組織」へのコミットメントが相対的に重要になった、**ということだ。そして前述の通り、この時代、事業の移り変わりは激しい。よって、経営者は組織へのコミットメントを以前より強化しない限り、事業のピボット（方向転換）に対応しづらい。

これが、グーグルやネットフリックスといったソフトウェアの会社の人事戦略が世界的に注目を浴びるようになった構造的な理由だ。

今の時代、多くの企業が時価総額を連続的に伸ばすためには、事業を拡大・買収・展開させていく必要が出てきた。その際、「組織」へのコミットメントが強い企業は相対的に強くなった。事業がピボットしやすいからだ。

## 「組織」の前に「事業」がもっと大事

職場環境のデータが時価総額に影響を与えるのは、考えてみれば当然のことだ。社員の士気が高い会社と低い会社。この2つが並んでいたとしたら、前者の時価総額が、より伸びやすいのは火を見るよりもあきらかだ。

では、なぜ「長期的な」時価総額への影響がありえるのか、あるいは、影響が強くなってきたのか。そこには**「社員の士気が高い会社は変化に強い」**という構造的な理由があったのだ。

ただし、勘違いされそうなので先に述べておくと、この本のスタンスは決して「組織＞＞＞事業」ではない。

反対に言えば、大事なのはあくまで「事業」であるという前提で書いている。組織より事業。それが、本書が他の組織戦略本と少し違うところだろう。

人事領域の専門家や学者からは、しばしばこういう意見が出る。「従業員が一番大事」「人事戦略が最高の戦略」という声だ。これは正直、組織偏重すぎる意見であり、本書のスタンスとは少し違う。

もちろん、従業員が大事であり、人事戦略が大事であるのは百パーセント同意するし、私自身もメンバーのことが心から大好きだ。だが、それ以上に重要なのは事業であり、「社会的に意味のあるサービスや製品の存在」である。それがないと、企業は成り立たない。ただ、それでも職場環境のデータが重要であると述べる理由は、「相対的な重要性が変わってきたから」である。

## 人口減という大きな転換点を生き抜く

経済成長の多くは人口増減によって説明できると言われるが、現在の我々は２０５０年の未来から逆算して、間違いなく「転換点」にいる。

転換点である理由の１つは、まず、生産年齢人口（生産活動に従事しうる年齢層の人口。日本は15歳以上65歳未満）が減少フェーズに入るからだ。人口増から人口減へのシフトは、勝率を変えるゲームチェンジだ。その中で、企業が幸せに成長し続けるためには、**「従業員一人ひとりの才能を活性化させる必要がある」**と私は確信している。

しかし、「働きがいのある職場をつくる！」と言うだけなら簡単だが、実践することは本当に難しい。私自身20代後半から経営の現場にいるからこそ感じるが、「良い職場づくり」には、現場時代の私が想像していたより、数千倍苦労した。

その理由は、自分の力量不足はもちろん、事業をつくる力（サービスを開発すること）と、組織をつくる力ではまったく違う才能やスキルを求められたからだ。しかも、リーダーは、事業と組織を高い次元で両立させないといけない。

**図07　経営に必要なのは２つの視点**

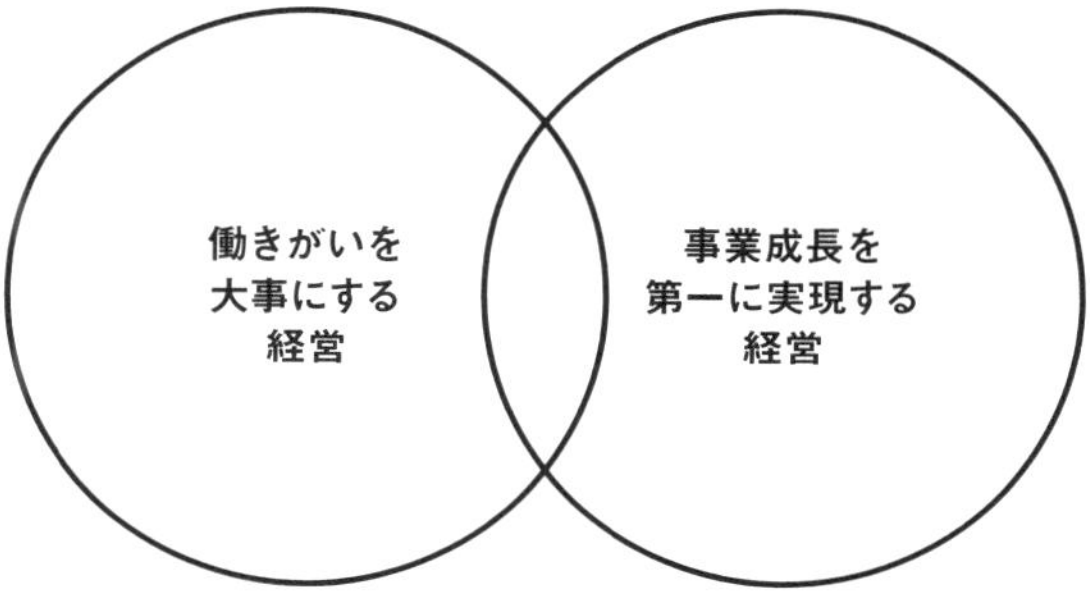


当然だが、「組織だけ」でも「事業だけ」でも会社の経営は成り立たない

従業員にとって「優しいだけの会社」というのは、往々にして仲良しサークル状態になり、それはそれで問題が勃発する。たとえば、強いブランドをもった老舗企業に安定を求めた人材が大量に入り続けた結果、保守的で馴れ合う、ぬるま湯の組織ができあがり、成長できない。結果、皆が貧しくなっていく……こういう組織は国内だけで何百社、何千社とあるだろう。

つまり、必要なのは「強さ」と「優しさ」を高い次元で両立させることなのだ（図07参照）。

# 「改善できる余地」はどこにあるのか

話を戻そう。

「職場の満足度」が経営課題になる。

これを確かめるためには、もう1つ、あきらかにしないといけないことがある。それは、

**「改善できる余地」が、どこにあるのか？**

だ。現実的な話、経営資源は限られている。だとしたら、どこに改善の余地があり、優先順位はどうつけるべきなのか？　それをあきらかにしない限り、実践には活かせない。

そのキーワードは**「期待値とのギャップ」**である。

言わずもがなだが、人は職場に対して、何かしらの「期待値」をもっていることが多い。

たとえば、「給料はこれぐらいほしい」「上司はこうあってほしい」「もっと承認してほしい」などといったものだ。そして、この期待値に対して、現実が下回れば不満になり、上回れば満足に変わる。

そして、**すべての組織的問題は、現実がこの期待値を下回ることで勃発する。**

## 求められる期待値にはバラツキがある

なぜ大量退職するのか、なぜ従業員は思っている以上にパフォーマンスを出してくれないのか。それは、端的に言えば、従業員が求める期待値に達していない環境要因があるからだ。

ただし、やっかいなことに、人が求めるバー（期待値）は、項目によってかなりバラツキがある。

たとえば、ある項目Aでは高い水準を求めるが、ある項目Bにはそれほど期待しないといったことがある。つまり、期待値は項目によって全然違う。さらに、個人差もある。「定時では絶対帰りたいけれど、給与はまあまあでいい」という人もいれば、反対に「とにかく給与がほしい」という人もいる（次ページ図08参照）。そして、詳しくは後ほど述べるが、

**図 08　期待値によって満足度は異なる**

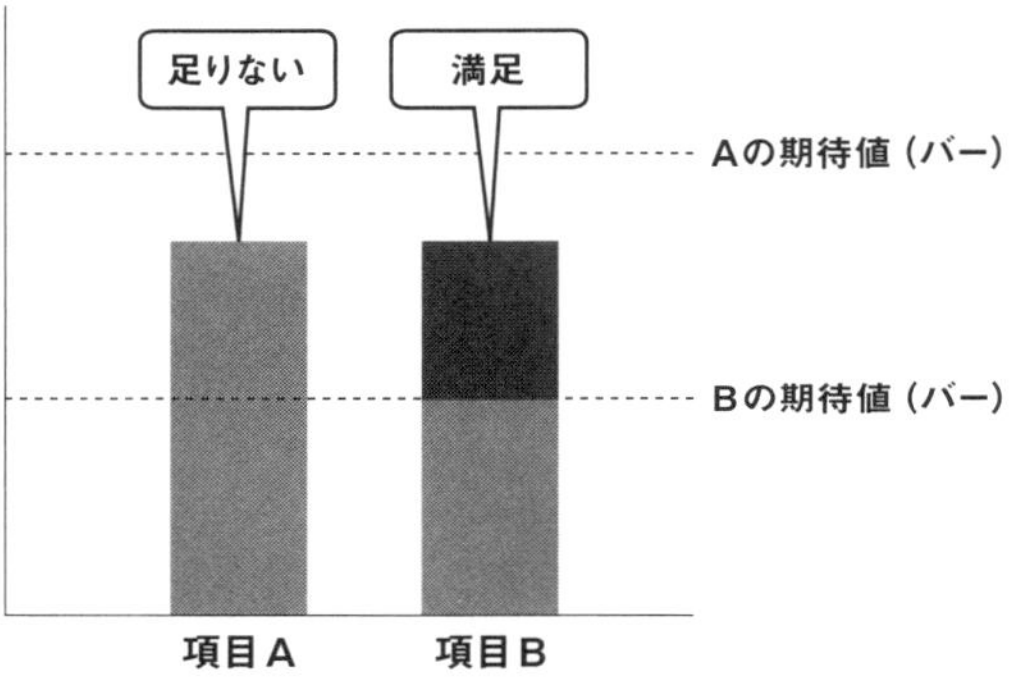


項目により、期待値はまったく異なる。そのため対応方法も変わる

企業によっても「求められている項目」には、バラツキがある。

では、どうすればいいのか？

論理的に考えれば、2つの方向性がある。

**①期待値を適切な値に調整すること**
**②実態を改善すること**

1つめは、期待値そのものを調整する方向だ。たとえば、従業員があまりに高すぎる期待値をもっている場合、そもそも何をしようとも満足させることはできない。この場合、期待値の調整が必須になる。

わかりやすく言うと、「年収1億円の20代の人と結婚したい」と思っていても、そもそもそんな人はごく少数のため、期待値を下げるのが現実的でしょう？　ということだ。これが「期待値そのものを調整すること」だ。

そしてもう1つは、正攻法で実態を改善していく方法だ。

## 職場環境のどこに課題があるのか？

では、これを踏まえて、課題の所在地をデータで見たい。次ページ図09は、e-NPSと職場環境のデータの相関係数を表したものだ（34ページ図03のデータをグラフ化したもの。ただし、残業時間と有給休暇消化率については実数値であり、直接の比較が難しいため除いた）。

このうちe-NPSとの相関係数が高いものを順番に挙げると、次のようになる。

- 待遇面の満足度（0・715）
- 人材の長期育成（0・611）
- 風通しの良さ（0・608）
- 法令遵守意識（0・530）
- 社員の士気（0・479）

## 図09 「e-NPS」とその他の職場環境のデータとの相関にはバラツキがある

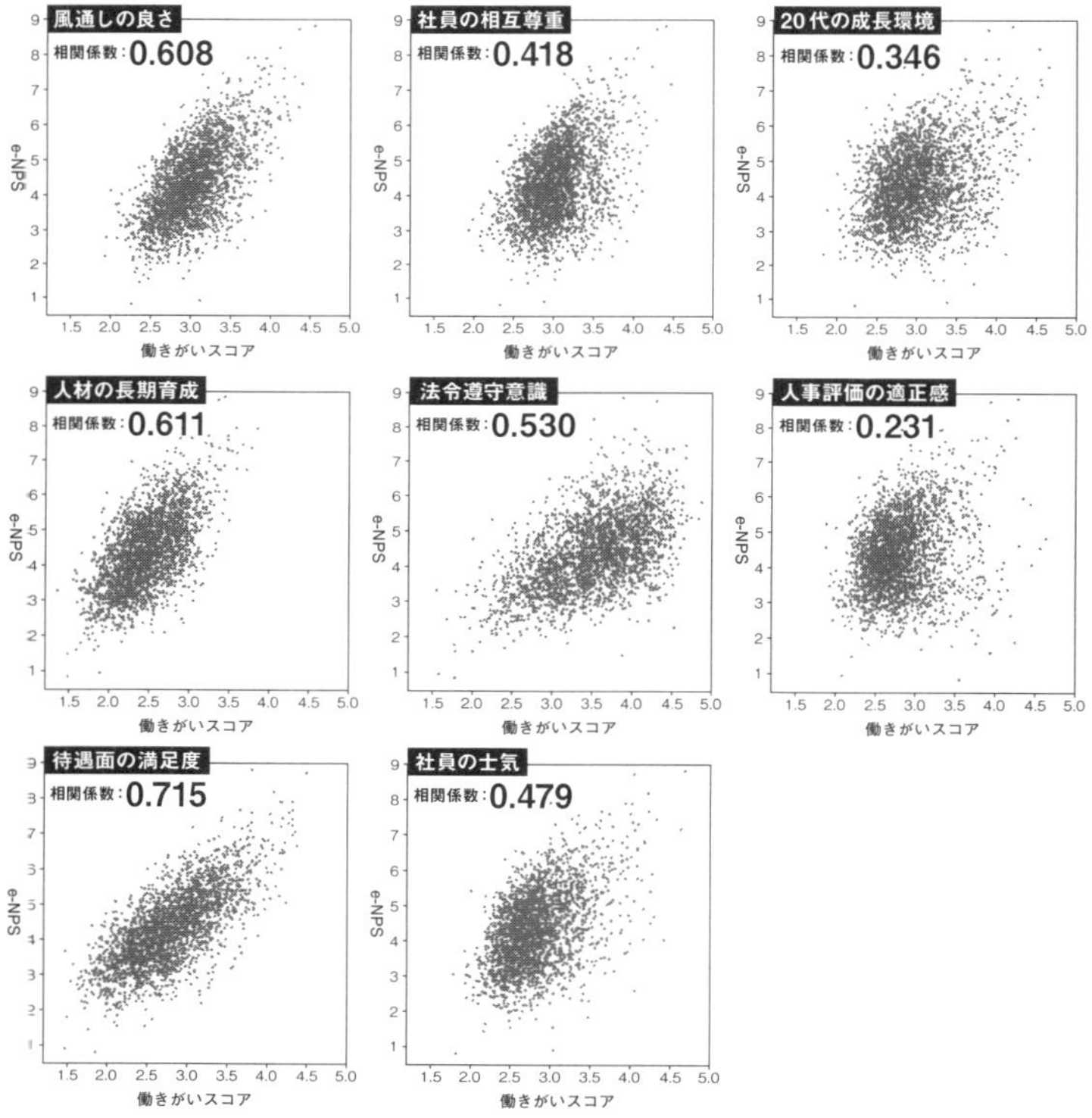


※対象レポート：2014年7月から2019年6月までに投稿された全レポート（ただし、2013年以前の退職者を除く）
※レポートn数：21万3099件、企業n数：2383社を元に著者分析
※34ページ図03と同じ数値（残業時間、有給休暇消化率を除く）をグラフ化

**相関係数が高いのは……　待遇面の満足度（0.715）　人材の長期育成（0.611）　風通しの良さ（0.608）　法令遵守意識（0.530）　社員の士気（0.479）**

## 図10　主要5項目の満足度はおおむね低い

| 各項目の平均値の社数分布 | 風通しの良さ | 人材の長期育成 | 待遇面の満足度 | 法令遵守意識 | 社員の士気 |
|---|---|---|---|---|---|
| 4.0以上 | 1.2% | 0.0% | 1.4% | 21.1% | 1.3% |
| 3.5以上4.0未満 | 9.0% | 0.4% | 7.3% | 32.3% | 4.8% |
| 3.0以上3.5未満 | 40.5% | 7.0% | 25.0% | 27.6% | 21.8% |
| 2.5以上3.0未満 | 43.3% | 39.0% | 36.8% | 14.4% | 52.2% |
| 2.5未満 | 6.0% | 53.6% | 29.5% | 4.7% | 19.9% |
| 総　計 | 100.0% | 100.0% | 100.0% | 100.0% | 100.0% |

※対象レポート：2014年7月から2019年6月までに投稿された全レポート（ただし、2013年以前の退職者を除く）
※レポートn数：21万3099件、企業n数：2383社を元に著者分析
※四捨五入の関係で「総計」が100%ではない場合がある

**→法令遵守意識は、高い満足度を担保できている唯一の項目**
**→人材の長期育成と待遇面の満足度は、不満に思っている人が多い**

前述した通り、この5つは「職場の満足度にとって重要度が高い」ということを示している。

加えて、もう1つ驚くべきデータがある。図10を見てほしい。

図の見方がわかりづらいので補足すると、まず、横軸に先に述べた5つの項目を置いており、縦軸の平均点は5点満点でスコア化したものを5つに分類している。満足度のスコア（以下、働きがいスコアと呼ぶ）が3・0〜3・5だと、一般的には従業員はその項目に「可もなく不可もない」状態であり、3・5を超えると「満足している」、4・0を超えると「強く満足して

いる」。反対に、3・0を下回ると「やや不満」な状態であり、2・5を下回ると「強く不満に思っている」と解釈してもらうとわかりやすいだろう（これは、一般的に5点満点の点数をとると、その中心が3点台前半に集中することからきている）。

たとえば、図10の左上の「1・2％」は、全体のうち約1％しか該当していないことを表している。つまり、『風通しの良さ』が4・0以上の会社＝2383社中の1・2％である」——めちゃくちゃ少ない、ということだ。あるいは、その下の9・0％というのは、「風通しの良さへの評価が3・5〜3・9の企業が、全体の1割にも満たない」ということを示している。

## 「人材の長期育成」ができている会社はほぼ存在しない

では、この図10からどんなことが読み取れるだろうか？（正直、この図はとても読み応えがある！）

たとえば、こんな感じだ。

・「法令遵守意識」は、高い満足度を担保できている唯一の項目

## ・反対に、「人材の長期育成」と「待遇面の満足度」は、不満に思っている人がきわめて多い

この本を書いているとき、私はこの結果にめちゃくちゃびっくりした。とくに驚いたのが「人材の長期育成」のスコアだ。図をじっくり見てもらうと、次のような衝撃の事実が目にとまるだろう（図10のグレーで色を付けた部分）。

## ・人材の長期育成で、満足度が高い会社はこの国にほぼ存在していない

のだ。しばしば「うちの会社はさぁ、人を長期的に育てる力がないんだよね」「人材の長期育成ができていない」「会社はもっと人の長期育成に力を入れるべき！」という意見を聞くことがあるだろう。このデータが示しているのは、そもそも、そんな会社はほぼ存在していない！　という衝撃の事実だ（なんということだ！）。

ただし、正確には、トヨタ自動車や三菱商事など2383社中の9社は満足度が3・5を超えているが、その割合は0・4％と極端に低い数字になっている。

このデータをどう解釈すればいいだろうか？

## 図11 人材育成における期待値と実態のギャップ

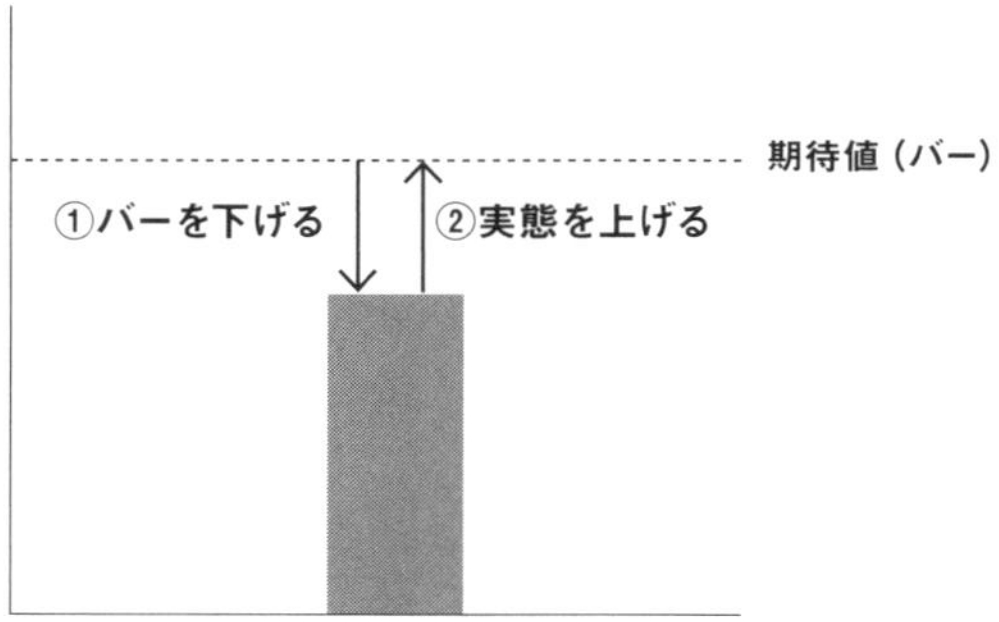


**人材育成においては、まず高すぎる期待値を下げることが重要**

あえて断言するなら、まず「従業員の期待値が高すぎる」のだ。結婚でたとえるなら、「理想が高すぎる相手を求めた結果、どこにもいない人を求めてがっかりしている」ということだろう（気持ちはわかる）。

したがって、もしあなたが「私を長期的に育成してくれる会社はないかなぁ？　しかも、たっぷりと。そういう会社に勤めたいな」と思っていたら、考えを改めたほうがいい。なぜなら、そんな会社はこの世に存在せず、青い鳥を求めてしまっているからだ！

反対に、あなたが経営者だとして、人材開発をしたいと思っていたとしても、彼らの期待値を大幅に上回り、長い期間で満足してもらうことはきわめて難しいという前提で施策を練ったほうがいいだろう。

つまり、「人材育成」に関しては、

**高すぎる期待値を調整する→実態を改善していく**

という順番で施策を講じるべきなのだ。

## なぜ人材の長期育成の期待値は高くなるのか？

ちなみに、なぜ人材の長期育成が、とくに「期待値が高すぎる」のかというと、理由は2つだろう。

1つは、他の企業との比較が難しいからだ。

たとえば、満足度が低いという点で言うと、「待遇（給与）」も同じ傾向だが、それでも待遇は「他の企業と比較してあきらかに高いとき」は客観的にわかりやすい。年収○○万円という風に比較できるからだ。したがって、待遇面の満足度が3・5以上の企業も、たとえば高給取りで有名なキーエンスなど8・7％ある。一方で、人材の長期育成は仮に会社が一生懸命投資したとしても、他社と比べて比較することが難しく、それゆえに「満足する基準がない」のだと思われる。

もう1つは、「育成とは、与えてもらうものだ」と思っている人が多いからだろう。実際、私も若いころはそう思っていた。

成長とは、「自分で手に入れるもの」であるにもかかわらず、多くの人々は、「上司や会社が与えてくれるもの」だと過度に期待しているのだ。会社と学校はあきらかにルールが違う。学校はお金を払い、教えてもらう場所だ。だが、会社はそうではない。お金をもらっている。会社は成長する機会は提供できても、社員を育てるための学校ではない。

これは重要な点なので、もう一度言いたい。

**会社は人の成長を〝ある程度〟は約束できるかもしれないが、そもそも本質的には長期的な成長は〝自分で築くもの〟**なのだ。

世の中にはすでに、数多くの人事関連の書籍や研修がある。その中には、「給与体系」「人材育成」に関するものがたくさん含まれている。しかし、本章のデータが示しているのは、これらの項目において多くの職場で足りていないのは、施策内容より前に、まず「期待値の調整である」という意外な真実だ。

話を戻して、改めて5つの項目を整理するとこうなるだろう。

**【すでに満足している項目】**

法令遵守意識

**【期待値があまりに高すぎるため、先に期待値を調整する必要があるもの】**

人材の長期育成、待遇面の満足度

**【改善できそうなもの】**

**風通しの良さ、** 社員の士気

結論はこうだ。職場の満足度を高めようと考えたとき、「改善できる余地」があるのは、「風通しの良さ」と「社員の士気」の2つ。言い換えれば、2つの項目に手を付けることで、最も高い投資対効果を得られるのだ。

いよいよ第2章では、この「風通しの良さ」≒「オープネス」というコンセプトについて詳しく見ていきたい。

## 第1章であきらかになった「オープネス」の正体

- 財務データと同様、「職場環境のデータ」が可視化されたことで、「職場の空気」が定量的に見えるようになった
- 職場の空気と企業の業績には、強い関係がある
- 変化が激しく先が見えにくい時代は、「事業戦略」よりも「組織戦略」の重要性が増す
- 「人材の長期育成」についての満足度が高い会社は、この国にほぼ存在していない
- 職場の満足度を高めようとしたとき、最も改善の余地があるのは「風通しの良さ」(≒オープネス)と「社員の士気」

## 〈参考〉本書のデータの読み方

今回、本書では、オープンワーク社の社員クチコミデータを利用して分析を行っている。より具体的には、同社の社員クチコミデータのうち、1社当たりのn数が十分にある283社の企業、およそ21万件の従業員のクチコミデータを使っている。

一般的に「社員クチコミ」のデータと言えば、求職者（就活生や転職希望者など）が利用しているイメージが強い。だが、実際にはそれに加えて、投資家や経営者、戦略コンサルタント、広告代理店のプランナー、営業担当者にも多く使われている。彼らは取引先・投資先の状態を調べるために、社員クチコミのデータを活用するのだ。

そのクオリティはプロにも認定されており、データに関して最も慎重な証券会社の世界でも、41ページで紹介した、オープンワークの社員クチコミを使った論文が証券アナリストジャーナル賞（2018年）を受賞するなど、信頼性が検証されている。

なぜプロから見て、高い信頼性を獲得できているのか。その理由は2つある。

1つめは「半実名性」と呼ばれるものだ。「半実名性」とは、今の世の中のビジネストレンドで、たとえば、アマゾンなどをイメージすればわかりやすい。

アマゾンは裏側では顧客の個人名・住所・金融情報（クレジットカード）などを取得しているが、サービスのレビューは匿名・ペンネームなどで表示されている。つまり半実名性とは、裏側では実名を取得しながらも、表では匿名・ペンネームを担保する仕組みを指している。これによって、匿名ゆえの「本音性」を担保しながらも、裏側の個人認証によって、あきらかに恣意性の高い投稿を管理・削除することができている。今回利用したデータも半実名性で管理されている。

## 徹底したクオリティコントロール

2つめは、「厳密な運営体制」にある。実際、私は今回データを利用したオープンワーク社の運営体制を直接取材したが、同社ではかなり徹底した、クオリティコントロールが行われている。具体的には、次のガイドラインを設けるなどしている。

- 該当企業で正社員または契約社員として1年間以上勤務した人のみに回答資格を限定
- レポートの回答のハードルを業界平均よりきわめて高めに設定（500文字以上）
- 自社の運営スタッフによる、全クチコミへの目視審査

・閲覧者による不適切なクチコミの報告システム
・他ユーザーの回答や、他サービス等のクチコミの転用の禁止

実際にクチコミを見ていただけるとわかるが、事実に基づかない、印象によるクチコミは投稿拒否・削除の対象となる。たとえば、次のようなケースだ。

●実際に働いてみて感じた、職場環境に対する感想を投稿してください。噂話や不確かな情報の投稿は禁止しています

（NG例）
・課長として3年働けば部長になれるという噂
・営業の経験がない人は部長になれないと言われている

●事実確認ができていない事柄について思い込みによる断定的な表現の禁止

（NG例）
・経営陣は全員が仕事をしていない

●同様に誇張された表現や虚偽の投稿は禁止。冷静で客観的な情報の投稿のみを許可

（NG例）

・この会社では大学卒でなければ人ではない

●過度に個人的な事情に関する投稿

（NG例）

・とても尊敬している方の紹介で入社したが、その方が家庭の事情で退職することとなり、もういる意味がないと思い退職した

●定性的な事柄について、偏った独断的な表現はしないでください

（NG例）

・課長以上は全員まったく能力がない

オープンワーク社は創業して10年以上経つが、今でもなお、創業者である社長自らも定期的にクチコミのクオリティを目視でチェックするほど徹底している。それだけ情報の精度を高める企業努力をしているということだ。その理由を彼は「公益性の観点から、社会

に対してネガティブな影響を与えないように最大限の努力を行うことが我々の社会的責任であると認識している」と表現している。

## バイアスを排除した客観的なデータ

本書に使っているデータは、その中でもサンプル数が十分な企業だけに絞り、統計分析、第三者の視点を加え、客観性を担保するようにしている。より具体的には、本書の分析は次の3つの条件を満たすものだけを取り入れている。

当然、完全にバイアスを排除することは難しいが、これらの条件によって、一定レベルでの実証性は担保できていると思われる。

①1社当たりのn数が十分なものに絞る
②裏側で実名データを取得したものに限り、あきらかな異常値は弾いている
③統計処理を行ったデータのみを使用する

## 今回利用したデータの定義

### ・利用しているデータの種類

今回利用しているデータは「職場環境のデータ」と呼ばれるもので、これは企業評価の回答として収集した「社員・元社員の声」をもとにできたものである。

### ・データの信頼性

職場環境のデータは、国内外の複数の論文によって業績との連動性があることが確認されている（39ページ以降参照）。

### ・オープンワーク社のデータベース

オープンワーク株式会社は、登録ユーザー数320万人以上、社員クチコミ・評価スコア840万件以上の国内最大規模の職場環境のデータを保有している。

保有するデータは大きく2種類に分かれ、1つは「職場の働きがいに関する11項目の評価点」であり、定量的なデータである。もう1つは、「社員クチコミ」と呼ばれるもので、

## 【サンプル】

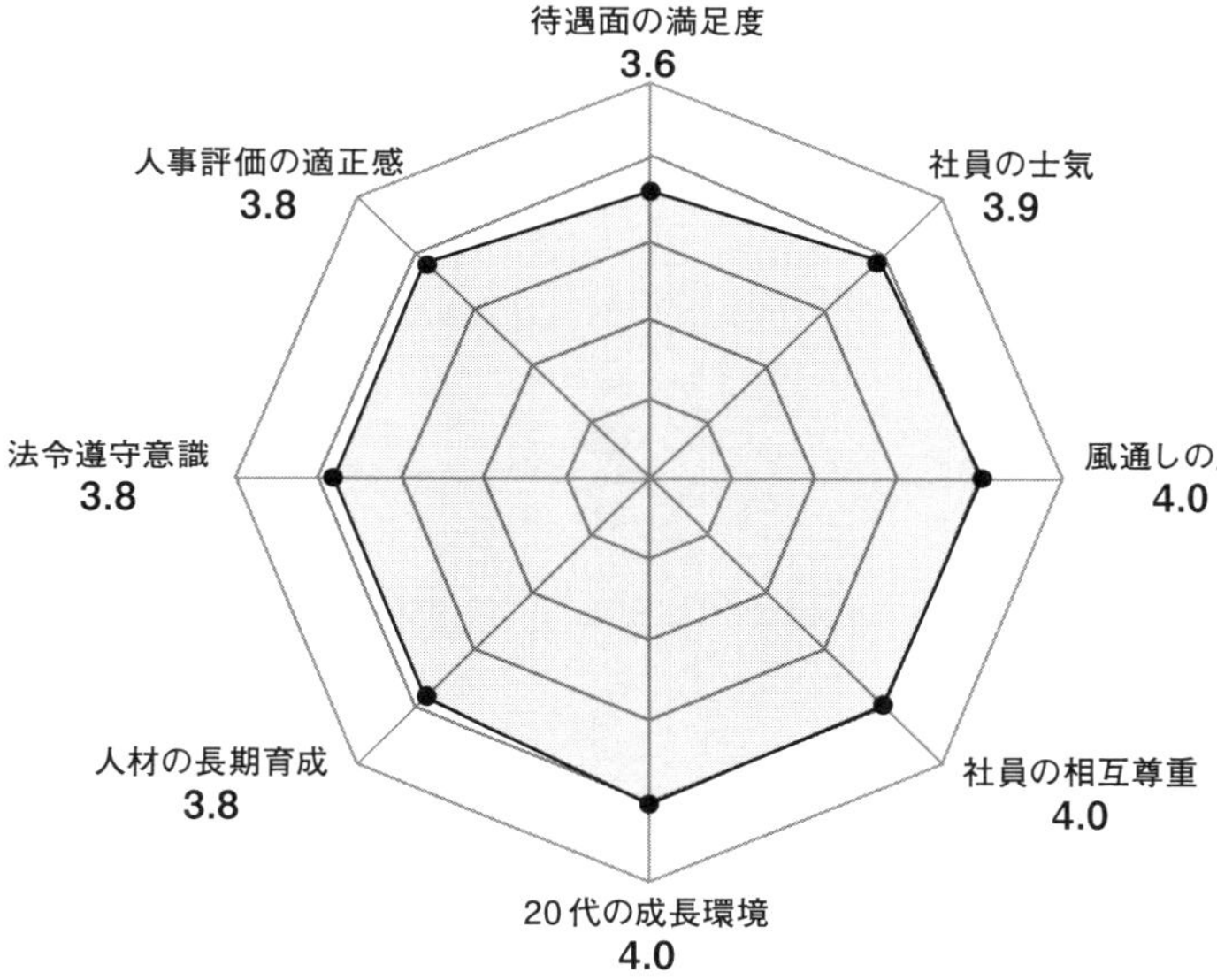


残業時間（月間）

**49.6 h**

有給休暇消化率

**74.4 %**

定性的な情報でできている。

### ・点数計算の方式

オープンワーク社の定量データは「待遇面の満足度」「社員の士気」「風通しの良さ」「社員の相互尊重」「20代の成長環境」「人材の長期育成」「法令遵守意識」「人事評価の適正感」「残業時間」「有給休暇消化率」「e-NPS」の11項目でできている。

このうち残業時間と有給休暇消化率は実数で入力されており、e-NPS（Employee Net Promoter Scoreの略で、従業員ロイヤルティ＝職場に対する愛着・信頼の度合いを数値化する指標）は1～10点の10段階評価になっている。これらを除いた8つの項目は、1～5点の間で点数がつけられている。このスコアを「働きがいスコア」と呼ぶ。

たとえば、投稿者に以下のような質問に回答してもらうことで集計している。

**（待遇面の満足度）**

待遇面全般についての満足度

①非常に悪い ②悪い ③普通 ④良い ⑤非常に良い

**(社員の士気)**

仕事に対する社内の士気について

①非常に低い ②低い ③普通 ④高い ⑤非常に高い

**(風通しの良さ)**

社内の風通しについて、自由に意見が言えましたか？

①非常に悪い ②悪い ③普通 ④良い ⑤非常に良い

**・定性データの例**

オープンワーク社は、実際に働いたことがある人、または現役社員がその職場に対して「クチコミ」を投稿できるようになっている。登録した人が、「他人のクチコミ」を見たいと思った際に、いくつかの選択肢を取る必要がある。その1つの方法が、自分のクチコミを投稿することである。その結果、たとえばこんな情報がわかる。

・月間の平均残業時間が10hを切っていることもあり、長時間労働によるストレスはほとんどないと思います。月間のフレックス制度を採用しており、月間の労働時間を確保すれば、

コアタイム終了の16：00には帰宅することができる（渋谷IT企業A社）

・人を成長させることへのコミットが非常に強い。「即戦力を採って使えなければ切る」という考えがまったくなく、むしろ「世の中に即戦力なんていないからしっかり育てる」という考えが浸透している（外資系コンサルティングファームB社）

・基幹職にならなくても年収1000万円に到達するため、大卒なら誰でも30代で大台にのる。基幹職の一番下の課長クラスでも、1300万円くらいには到達する（自動車メーカーC社）

# 第2章

# オープネスとは何か

# なぜ人は社員のクチコミをのぞきたがるのか

あれは、不思議な光景だった。
目を疑った。

新宿駅を脇目も振らず足早に通り過ぎていた人々が、急に足を止める。次から次へと、本が手に取られていく。人々は立ち止まり、どんどん本を手に取っていく。それは想定の何倍もの数だった。

ただし「本」と言っても、それは普通の本ではなく、社員のクチコミが書かれたものだった。東京の新宿駅に突如現れた〝社員クチコミ図書館〟という名のPR施策に、1週間で3万もの人が訪れた。本の中身は、従業員が普段感じていることが書かれた「働く人々の声」だった。

私は主催者側の人間としてこの様子を遠巻きに見ながら、ふと不思議に思うことがあった。

## 「なぜ、人は、社員のクチコミをのぞき見したがるのか」

その日、立ち止まった人々は、とても熱心に従業員の声、クチコミを読み込んでいた。私がその理由を「うーん」と考えていると、向こうから若いカップルらしき男女が歩いて来た。背が高い、美男美女。20代後半だろうか。

高級なスーツを身にまとった男は見るからにお金をもっていそうで、女は長髪でハイヒールだった。すると、女がこう言った。

「あなたの会社、載っているんでしょ?」

女はどこか自慢げだった。それもそのはずで、その図書館は、いわゆる「働きがいがある企業100社」だけが選ばれ、掲載されていたのだった。この発言の裏には、女は男が勤める〝会社〟に対して誇りをもっているというニュアンスが含まれていた。

「不思議だ」

私は再度そう思った。なぜなら、従業員の声なんてものは、本来は会社の中で散々聞く機会があるはずだからだ。飲み会や会議、360度調査など、自分の会社のことは自分が本来一番知っているはずだ。それにもかかわらず、人はなぜか、自分の会社の従業員の声を知りたがるのだ。


彼らは普段、職場の情報に接していないのだろうか？

私は歩きながら考えた。

人の流れに乗り、新宿駅の丸ノ内線から、JRの改札へ向かう階段を上がっていくと、透明なガラス越しにカフェの店内が見えた。ガラスの向こうには、初老らしき4人の男たちが笑い合いながら何かを話している。カジュアルな服装だ。手元には資料らしきものをもっている。仕事の話だろうか。でも、とっても楽しそうだ。

それを見てまた不思議に思った。

「プライベートではすごいニコニコしているのに、職場ではいつもしかめっ面の人はたくさんいるよな。同じ人物なのに、何が違うのだろう？」

誰もが経験するように、職場ではしかめっ面の上司や怖そうな社員が、プライベートで会うと全然違う印象のときがある。フレンドリーで話しやすい。子どもの前ではいいパパやママだった。こういうことはある。

なるほど、私はそのときわかった。なぜ、人は従業員の声をのぞき見したがるのか、あるいは、初老の4人が、なぜあれだけイキイキしているのか。それは、

**人は本質的にオープネスを求めるが、今の職場でそれが足りていない**

からだ。

## オープネスは人間が本質的に求めるもの

「オープネス」、それはビタミンのようなものだ。足りないと人の心を蝕む。しかし、普段は不足していると、自分では気づきにくいものだ。

オープネスは、情報の透明性であり、戦略のクリアさであり、リーダーの自己開示性である。それは、現代の組織運営において最も重要な要素の1つであり、これを高めることは優れたリーダーの条件と言える。そして何より、オープネスは本質的に人間が求めてい

るものだ。

たとえば、クローズドだったものがオープンになる。人間関係がオープンになる。情報がオープンである。これらの環境下にいることをほとんどの人は歓迎する。反対に抑圧された環境では、人々はイキイキと働けず、必要な意思決定もできず、嘘をつくことが常習化する。人が自分らしさを表現でき、性善説で仕事を進めるためには、ビタミンのようなオープネスが必要なのだ。

しかし、しかしだ。この愛すべきオープネスは、まだまだ謎も多く、一般には浸透していないのが現実なのだ（まさにかつてのビタミンのようだ！）。

## オープネスの低さが、日本企業の成功を阻んでいる

たとえば、前章で述べたように（オープネスに直結する）「風通しの良さ」は、「e-NPS」との相関がきわめて高い。そして、改善の余地が大きい。

現に、人事制度や育成などに関する書籍はたくさんあるが、「職場の空気（ソフト面）」を理論的にまとめた本はほとんどない。つまり、人々にとって重要ではあるが、満たす手段が少ない。科学されていない。結果、満たされていないのだ。

言い換えれば、**日本の組織的成功を妨げている要因の1つは「オープネス」の研究不足と、打ち手不足にある**のだ。

振り返れば、そうだ！

そもそも、歴史的に日本は〝閉鎖的な組織〟をつくりがちだった。鎖国時代が長かったことはもちろん、ビジネスフィールドにおいても、トヨタが〝トヨタ村〟と言われる囲い込んだ世界をつくって成長してきたように、もともと〝閉鎖的なムラ社会〟なのだ。

だが、時代は変わってきている。あのトヨタですら変わろうとしているし、オープンイノベーションの重要性が説かれ、今、最も伸びているスタートアップ企業の多くは、誰でも情報にアクセスできる状態になっている。あるいは、急激な成長を遂げている企業の多くは従業員が外部に顔を出すことを推奨しつつある。副業解禁もそうだ。

つまり、この時代の働く人々が求める「オープネス」の水準は高まっているにもかかわらず、企業側がそれを十分に提供できていないことこそが課題なのだ。

では、オープネスとはいったいなんなのか……？

# 「経営開放性」「情報開放性」「自己開示性」とは何か

結論から言うと、オープネスとは、現代のビジネスシーンの変化を象徴するコンセプトである。前述した通り、これを組織戦略の文脈に具体的に落とし込むと、３つの要素で決まると本書では定義している。

①経営開放性
②情報開放性
③自己開示性

## 経営と現場の関係がオープンになっているか——経営開放性

1つめの経営開放性は、**「経営と現場で、どれだけ関係がオープンになっているか」**を指す。具体的には次のような項目で測ることができる。

・経営メンバーの顔と名前と考えを現場メンバーがどれだけ理解しているか
・反対に、経営メンバーがどれだけ現場メンバーの顔と名前を直接知っているか
・経営陣は自分のバックグラウンド（過去の失敗体験や創業の背景など）をオープンにしているか
・現場が経営陣に対して、ダイレクトに意見や質問を述べる機会が年間にどれぐらい、何時間あるか

たとえば、経営開放性の高い組織では、従業員は次のことがわかっている。

「なぜ経営陣が今の会社を経営しているのか」
「何を〝個人的に〟大事にしているのか」
「今、経営陣が何に最も時間を使っているのか」

一方で、経営開放性が低い組織では、従業員は次のことがわからない。

「社長が何をやっているのか」
「経営をやっている〝個人的な〟理由は何か」
「どんな領域に最も集中したいと思っているのか」

これが経営開放性だ。よく言われる「経営陣が何をやっているかわからない」「経営陣の考えが不明瞭である」という不満をイメージするとわかりやすいだろう。

## 社内情報へアクセスしやすいか――情報開放性

2つめは、情報開放性。これは**「社内の情報に対するアクセスのしやすさ」**を指す。具体的には次のような項目で測ることができる。

・自分の業務を進める上で、意思決定に必要な情報に、望めば〝簡単に〟〝誰でも〟アクセスできるか

・もしも直属の上司からの意見が「納得できない」とき、その上の上司や経営陣などからミッションの意図や目的を直接聞くことができるか
・自分が述べたい意見や質問などを、上司や異なる部署の人にぶつけるとき、クローズドな場所ではなく、公開された場所で行うことができるか

情報開放性の高い組織では、従業員は「自分が決めるべきこと」に対して、少しの労力で必要な情報を手に入れることができる。あるいは、「上司からの情報が何かの意図や悪意をもって歪められて伝わっている」と感じたときに、情報の大本である人物に意図を直接聞くことができる。

一方で、情報開放性が低い組織では、従業員は「与えられた情報」だけをもとに意思決定を行い、それ以上の情報を取りに行くことをそもそも求められない。あるいは、事業部を越えた質問や意見をすると、「それはキミのテリトリーではないから」という言葉が返ってくる。加えて、ハラスメントや不正など致命的な問題が発生したときでも、部署内での握りつぶしが発生しうる。

## 自分の才能を表現しても攻撃対象にならないか——自己開示性

3つめの自己開示性は、**「従業員のうち、どれだけの人が、ありのまま自分の才能を表現しても、他者から意図的な攻撃を受けないと信じているか」**を指す。具体的には次の項目でわかる。

・ミーティングや議論の場において、立場や肩書きに関係なく、出席者のうち何割の人間が、自分の意見を自由に出せると感じているか
・自分がやりたいプロジェクトや業務があったとき、どれだけの割合でその意思を表明することができるか
・所属する社員のうち何割の人間が「自分の才能や考えを表現しても、他者から意図的な攻撃、必要以上の批判を受けない」と信じているか

自己開示性の高い組織では、「立場や肩書き」の影響が相対的に低い。自分の考えや意見を発言することに対して、必要以上のプレッシャーがなく、社内で挑戦したい業務が

あったときに、手をあげやすい。また、本人が望むのであれば、同僚にプライベートの話や相談なども気軽にできる。

一方で、自己開示性の低い組織では、働く人は「機械的に働くこと」を求められる。感情を出すことに躊躇し、自分の意見よりも組織の意見を重視する。また、自分がやりたい業務や担当したい仕事があっても、手をあげることは、自らのキャリアにマイナスになる可能性がある。個性は求められておらず、正しいプロセスで進めることを求められる。

## 「本音と建前」の日本企業はオープネスが低い

これらが、オープネスを決定している「経営」「情報」「自己」の3つの要素である。

たとえば、オープネスという単語を聞いたときに最初に思い浮かぶ、「風通しの良さ」というのは、主に「情報開放性」と「自己開示性」に影響している。人が「風通しが良いなぁ」と言うとき、その職場は意見を自由に述べることができ（＝情報開放性）、そして自分の素の部分を出せる状態にある（＝自己開示性）。こういう構造にある。

もともと日本は「本音と建前の国」と言われる。本音ではAだと思っていても、建前ではBと言う。これは欧米出身の人が日本企業で働くとまずぶつかる問題の1つと言われるが、こういう状態は「オープネス」が低い。なぜなら、真の情報がオープンになっていないからだ。つまり、嘘や隠蔽が発生しうるし、ダイバーシティ（多様性）を生みづらい。

では、実際、「オープネス」は、経営にどれだけのインパクトがあるのだろうか。関連する情報をいくつか見ていこう。

# 「変われた企業」と「変われなかった企業」を分けたもの

面白いデータがある。次ページの図12は、平成の30年間で時価総額を最も大きく伸ばした上位10社と、反対に時価総額を最も大きく減らした下位10社について、比較して並べたものである。ちなみに、この20社は『日本経済新聞』の記事（「平成の30年間　時価総額の増加　トヨタがトップ」２０１９年４月27日）と同じものを利用している。

**【平成30年間で最も時価総額を増やした企業10社】**

トヨタ自動車、キーエンス、日本電産、ソニー、任天堂、武田薬品工業、信越化学工業、ダイキン工業、本田技研工業、村田製作所

**【平成30年間で最も時価総額を減らした企業10社】**

ＮＴＴ、東京電力ＨＤ、野村ＨＤ、日本製鉄、新生銀行、関西電力、東京ガス、パナソ

## 図12 平成の30年間の時価総額増減トップ10社では3つの項目で差が大きい

| | | 時価総額増減額（単位：兆円） | 総合評価（e-NPS） | 風通しの良さ | 社員の相互尊重 | 20代の成長環境 | 人材の長期育成 | 法令遵守意識 | 待遇面の満足度 | 人事評価の適正感 | 社員の士気 | 残業時間 | 有給休暇消化率 |
|---|---|---|---|---|---|---|---|---|---|---|---|---|---|
| 平成30年間で最も時価総額を増やした企業10社の職場環境のデータ | トヨタ自動車 | 15.2 | 6.7 | 3.2 | 3.7 | 3.4 | 3.6 | 4.6 | 3.8 | 3.2 | 3.4 | 27.5 | 85.9 |
| | キーエンス | 8.3 | 6.6 | 3.6 | 3.3 | 4.3 | 2.8 | 3.8 | 4.4 | 4.0 | 4.0 | 62.8 | 33.8 |
| | 日本電産 | 4.6 | 4.3 | 3.1 | 2.7 | 3.5 | 2.4 | 3.4 | 2.5 | 3.1 | 3.0 | 27.5 | 34.9 |
| | ソニー | 4.6 | 6.6 | 3.6 | 3.3 | 3.6 | 2.7 | 3.9 | 3.5 | 3.3 | 3.2 | 37.2 | 58.1 |
| | 任天堂 | 4.3 | 6.9 | 3.4 | 3.5 | 2.7 | 2.7 | 4.3 | 3.8 | 2.8 | 3.2 | 32.0 | 75.2 |
| | 武田薬品工業 | 4.1 | 4.7 | 2.9 | 3.1 | 3.1 | 2.5 | 4.1 | 3.9 | 2.9 | 2.7 | 26.2 | 59.5 |
| | 信越化学工業 | 3.9 | 4.7 | 2.9 | 2.8 | 3.0 | 2.5 | 3.4 | 2.6 | 2.4 | 2.9 | 36.6 | 57.5 |
| | ダイキン工業 | 3.9 | 4.9 | 3.1 | 3.0 | 2.9 | 2.4 | 3.6 | 2.9 | 2.9 | 2.9 | 27.4 | 87.8 |
| | 本田技研工業 | 3.6 | 5.6 | 3.1 | 3.0 | 2.6 | 2.5 | 4.2 | 3.4 | 2.7 | 2.7 | 21.8 | 92.4 |
| | 村田製作所 | 3.6 | 6.5 | 3.4 | 3.4 | 3.4 | 3.1 | 4.1 | 3.4 | 3.2 | 3.3 | 25.2 | 57.6 |
| 平成30年間で最も時価総額を減らした企業10社の職場環境のデータ | NTT | -20.3 | 6.2 | 3.2 | 3.2 | 3.3 | 3.1 | 4.6 | 3.2 | 3.1 | 3.0 | 21.5 | 92.1 |
| | 東京電力ホールディングス | -8.6 | 4.6 | 2.8 | 3.1 | 2.5 | 2.7 | 4.0 | 2.8 | 2.7 | 2.7 | 31.9 | 61.0 |
| | 野村ホールディングス | -5.9 | 5.0 | 2.9 | 3.1 | 3.9 | 3.2 | 3.9 | 3.8 | 3.6 | 3.3 | 33.8 | 49.5 |
| | 日本製鉄 | -4.2 | 4.3 | 2.7 | 3.2 | 3.2 | 3.1 | 3.8 | 3.2 | 3.0 | 3.1 | 48.8 | 47.8 |
| | 新生銀行 | -4.1 | 5.0 | 3.2 | 2.7 | 3.1 | 2.4 | 3.7 | 3.3 | 2.7 | 2.6 | 30.9 | 51.3 |
| | 関西電力 | -3.8 | 5.3 | 3.0 | 3.3 | 2.6 | 2.9 | 4.4 | 3.2 | 2.7 | 2.8 | 32.0 | 70.7 |
| | 東京ガス | -2.5 | 6.0 | 3.2 | 3.5 | 2.8 | 3.2 | 4.2 | 3.6 | 2.9 | 2.8 | 27.3 | 65.7 |
| | パナソニック | -2.5 | 6.0 | 3.1 | 3.2 | 3.0 | 3.1 | 4.2 | 3.3 | 3.0 | 3.0 | 30.4 | 58.7 |
| | 中部電力 | -2.5 | 5.4 | 3.0 | 3.3 | 2.5 | 2.9 | 4.4 | 3.5 | 2.8 | 2.7 | 31.6 | 61.1 |
| | 大和証券グループ本社 | -2.3 | 4.4 | 3.0 | 2.9 | 3.4 | 3.1 | 4.1 | 3.7 | 3.8 | 2.9 | 26.4 | 64.3 |
| 平均値 | 増加10社平均 | ― | 5.8 | 3.23 | 3.17 | 3.24 | 2.73 | 3.94 | 3.41 | 3.03 | 3.12 | 32.43 | 64.27 |
| | 減少10社平均 | ― | 5.2 | 3.01 | 3.16 | 3.04 | 2.97 | 4.13 | 3.35 | 3.02 | 2.89 | 31.47 | 62.23 |
| | **差分** | **―** | **0.6** | **0.22** | **0.01** | **0.20** | **-0.24** | **-0.19** | **0.06** | **0.01** | **0.23** | **0.96** | **2.04** |

※対象レポート：2014年7月から2019年6月までに投稿された全レポート（ただし、2013年以前の退職者を除く）

※レポートn数：21万3099件、企業n数：2383社を元に著者分析

**→とくにグレーで色を付けた部分で、上位と下位の会社の間に差がある**
**→時価総額を大きく伸ばした企業では、「風通しの良さ」「20代の成長環境」「社員の士気」の項目で数値が良い**

## 図13　職場の満足度は２つのクラスターに分けられる

| | |
|---|---|
| 「職場の空気（ソフト面）」に関係する項目 | 風通しの良さ、社員の相互尊重、20代の成長環境、社員の士気 |
| 「職場の制度（ハード面）」に関係する項目 | 人材の長期育成、法令遵守意識、待遇面の満足度 |

※クラスター分析を元に著者作成

ニック、中部電力、大和証券グループ本社

両者にはどんな差があるだろうか？

結論を言うと、グレーで色を付けた部分で、両者のスコアに差がある。

具体的には、**時価総額を大きく伸ばした企業では、「風通しの良さ」「20代の成長環境」「社員の士気」といった項目で数値が高い**ことがわかる。これは第1章のクラスター分析において「職場の空気（ソフト面）」と定義した項目に近い（図13参照）。

つまり、時価総額を大きく伸ばしている企業は、「職場の空気」の項目での満足度が高く、反対に時価総額を減らした企業はこれらが低いことがわかる。参考までに、この傾向は「時価総額を減らした企業」の

## 図14 平成元年時点で同業界に所属していたソニーとパナソニックの比較

| 企業名 | ソニー | パナソニック | 差分（ソニー − パナソニック） |
|---|---|---|---|
| 時価総額増減額 | 4.6兆円 | −2.5兆円 | （—） |
| 総合評価（e-NPS） | 6.6 | 6.0 | **0.6** |
| 風通しの良さ | 3.6 | 3.1 | **0.5** |
| 社員の相互尊重 | 3.3 | 3.2 | **0.1** |
| 20代の成長環境 | 3.6 | 3.0 | **0.6** |
| 人材の長期育成 | 2.7 | 3.1 | **-0.4** |
| 法令遵守意識 | 3.9 | 4.2 | **-0.3** |
| 待遇面の満足度 | 3.5 | 3.3 | **0.2** |
| 人事評価の適正感 | 3.3 | 3.0 | **0.3** |
| 社員の士気 | 3.2 | 3.0 | **0.2** |
| 残業時間 | 37.2 | 30.4 | **6.8** |
| 有給休暇消化率 | 58.1 | 58.7 | **-0.6** |

※対象レポート：2014年7月から2019年6月までに投稿された全レポート
（ただし、2013年以前の退職者を除く）
※レポートn数：21万3099件、企業n数：2383社を元に著者分析

**時価総額を大きく伸ばしたソニーでは、**
**「風通しの良さ」「20代の成長環境」などの項目で**
**数値が良く、大きく減らしたパナソニックでは同項目の数値が悪い**

うち、とくに顕著に数が多い「電力・ガス業界の企業」を除いても同じになる。

さらに公正を期するため、同じ業界に所属するソニーとパナソニックを比較したのが図14だ。この2社を見ても、「風通しの良さ」「20代の成長環境」「人事評価の適正感」で差が出ているのがわかる。

ちなみに、「人材の長期育成」や「法令遵守意識」などはマイナスの差が出ているが、すでに述べた通り、前者は期待値が高すぎることが本質的な課題であり、後者は時価総額を減らした10社「だけ」が高いのではなく、両方とも高いため、本質的な差はない。

## オープネスが高い「ユニクロ」「ソフトバンク」「リクルート」

もう少し違う企業も見てみよう。

というのも、実は先に挙げた20社には、平成の間に大きく時価総額を伸ばした企業の一部（ファーストリテイリング〈ユニクロ〉、ソフトバンクグループ、リクルートホールディングス）が入っていない。理由は、前述の『日本経済新聞』のデータ分析は、平成元年時点で上場している企業だけを対象にしているからである。

そこで、平成元年時点では上場していなかったが、現在、日本の時価総額ランキング

## 図15 「平成元年時点で未上場だが、令和元年時点で時価総額トップ20に入る3社」には共通点がある

| 企業名 | 平成元年時点で未上場だが、令和元年時点で時価総額トップ20に入る会社<br>ファーストリテイリング | ソフトバンクグループ | リクルートホールディングス | (参考)<br>時価総額増加10社平均 | 時価総額減少10社平均 |
|---|---|---|---|---|---|
| 総合評価(e-NPS) | 4.7 | 5.7 | 7.1 | 5.8 | 5.2 |
| 風通しの良さ | 3.1 | 3.2 | 4.0 | 3.2 | 3.0 |
| 社員の相互尊重 | 3.2 | 3.2 | 3.7 | 3.2 | 3.2 |
| 20代の成長環境 | 3.6 | 3.6 | 4.2 | 3.2 | 3.0 |
| 人材の長期育成 | 2.5 | 2.7 | 2.9 | 2.7 | 3.0 |
| 法令遵守意識 | 3.6 | 3.6 | 3.6 | 3.9 | 4.1 |
| 待遇面の満足度 | 3.0 | 3.1 | 3.7 | 3.4 | 3.4 |
| 人事評価の適正感 | 3.2 | 3.2 | 3.7 | 3.0 | 3.0 |
| 社員の士気 | 3.4 | 3.4 | 4.1 | 3.1 | 2.9 |
| 残業時間 | 26.0 | 32.8 | 31.8 | 32.4 | 31.5 |
| 有給休暇消化率 | 53.0 | 60.3 | 58.7 | 64.3 | 62.2 |

※対象レポート：2014年7月から2019年6月までに投稿された全レポート（ただし、2013年以前の退職者を除く）

※レポートn数：21万3099件、企業n数：2383社を元に著者分析

**3社の共通点**
**→「風通しの良さ」「20代の成長環境」「人事評価の適正感」「社員の士気」の数値が高い**

## 図16　オープネス3定義とデータの項目の関係

| オープネスの3つの定義 | 「職場環境のデータ」の項目 |
|---|---|
| 経営開放性 | **風通しの良さ★**、人事評価の適正感 |
| 情報開放性 | **風通しの良さ★**、社員の相互尊重 |
| 自己開示性 | **風通しの良さ★、社員の士気★**、社員の相互尊重 |

★＝重要度がとくに高い項目

トップ20の常連である企業も別途見ておきたい。

具体的には、ファーストリテイリング、ソフトバンクグループ、リクルートホールディングスの3社だ。図15を見ても、ほぼ同じ傾向が読み取れる。3社に共通して高いのは、具体的に次の項目だ。

- **風通しの良さ**
- **20代の成長環境**
- **人事評価の適正感**
- **社員の士気**

このうち、何度も出てくる「風通しの良さ」は、オープネスの3つの定義のうち、すべてに強く関係しており、改善余地などを考慮しても、重要性が高いことはすでに述べた。これを整理しておくと前ページ図16のようになる。

## オープネスが高い組織は創造性を発揮しやすい

そもそもオープネスの低い組織は、ガバナンスの観点からも危険性が高い。というのも、オープネスが低い組織というのは「仮に嘘の情報や不正があっても、それを第三者が確かめる方法が存在していない」からだ。

監査法人の働きが資本市場にとって重要なように、組織のガバナンスが働くためには、そもそも「情報がオープンであること」が前提条件となる。その意味で、オープネスが最低限の水準に達していることは「ガバナンス」の前提条件になる。ニュースになった不正会計事件を想像すればわかりやすい。

現にオープンワーク社のデータベースによると、社員のクチコミで「内向き」「官僚的で閉鎖的」などといった表現が出始めると、数年後に不正が発生する傾向があるという。

あるいは、組織のオープネスを高めることは「人々の才能」を活かす上でも最良の一手になりえる。

グーグルが指摘したように、チームのパフォーマンスと創造性を向上させるためにも、組織にとって〝心理的安全性〟は大事である。心理的安全性とは、チームの中で自分の思ったことを自由に発言しても不利益を被らないと感じられる状態のことだ。そのような環境で働く人は、「自分をオープンにしても大丈夫」「仮に失敗しても無下に責められることはない」という確信をもつことができる。

考えてみてほしいが、「自分をさらけ出してもいい」という場所に身を置くことで初めて、人は創造性を思う存分に、安心して発揮することができる。つまり、オープネスの高い組織は、人の創造性が発揮しやすい傾向にある。

## オープネスの高い経営は「効率がいい」

ゲーム理論には面白い研究結果が多いが、その1つに「囚人のジレンマ」という思考実験がある。2人の囚人が別々の部屋で取り調べを受けていて、「2人とも自白すれば懲役5年」「2人とも自白しなければ懲役2年」「1人が自白してもう1人が自白しなかった場合、自白したほうは釈放、自白しなかったほうは懲役10年」と刑の重さが変わるというものだ。

もし、1回限りではなく長期的にこの状況が繰り返されるとしたら、最強の戦略は、「しっぺ返し戦略」だとされている。これは、もしゲームに勝ちたければ、基本は相手のことを無条件に信頼した行動をとる。その代わり、相手が裏切ってきたらそのあとは報復をする。ただし、その後、相手がまた正直に変わったら自分も正直に変わる、という戦略だ。

オープネスが高い組織は、この「最強の戦略」を皆が実行しやすい状態にある。組織の人々が「相手は常に正直に自分と接してくれている」「嘘がない」と思えれば、個別のメンバーが最善の戦略を取れる状況になる。つまり、**「性善説」に基づく経営をしやすく、効率がいい。**

目には見えないが、事業部やチーム、すべての有機体には「オープネス」と呼ばれる組織の指標が存在している。オープネスが期待値を超えている組織は、人々がのびのびと働き、そして嘘や偽りがない。信頼できる。一方で、オープネスが低い組織は、人々が自分を隠して働き、嘘の情報があっても真偽を確かめる方法がない。

参考までに、世界的に模範的だと認識されているグーグルのクチコミデータには、次のようなコメントが掲載されている。これがオープネスの高い状態の典型例の1つだろう。

・社員それぞれのバックグラウンドや個性、アイデアを尊重する文化が隅々まで行き届いていました

・採用基準を厳しくし、入社した社員を信じ性善説で物事を進める会社

・社員は皆優秀でいい人が多く、自由でとても働きやすい環境だと思います

## 「大企業は変化が苦手」は真実か

「この会社は、なかなか変わらないよ」

「経営陣は何もわかっていない。変わろうとしていない」

大きな企業になればなるほど、必ずと言っていいほど社員からこうした声を聞く。私自身も大企業で働いていた経験があるから気持ちはわかる。とくに「大きな会社になればなるほど、社風は変わらない」というどこか諦めに近い気持ちを抱きがちだ。結果的に、優秀で意欲の高い人間が早めに見限り、外に出てしまうという傾向さえある。私もかつてはそう思っていた。

だが、経験とデータから今は違うと確信している。まず1つは、私の実体験だ。

## 崩壊寸前のチームが1カ月で激変した

「困ったもんだ。どうしようか……」。その日、私たちは困惑していた。当時、従業員のデータをリアルタイムで把握するツールを導入していた私たちは、あるチームの異変に気づいていた。具体的には、ある特定のチームの状態があきらかに悪化していたのだ。そのチームは、事業の根幹を担う重要な部署だった。

このままいくと、退職者が続出するに違いない。なんとかしなければならない。そう考えた私たちは、その事業を担当する役員を変更する意思決定をした。不安はあった。なぜなら、新たに就任する担当役員は「その事業のプロフェッショナル」ではなかったからだ。むしろ専門性で言うと、既存の担当者のほうが経験豊富だった。その意味で「経験が豊富だが、相性がよくない上司」か、「その領域で経験は浅いが、人望がある上司」のどちらを選ぶのか、という難しい問題だった。

だが、我々の懸念は杞憂に終わった。そのチームは、役員の変更後、わずか1カ月足らずで、激変したからだ。

従業員のデータは急激に改善され、退職リスクの高かった社員も、3カ月程度で持ち直した。そして、それまで大幅な未達が続いていたチームの数字も回復し、未達分を回収するまでに至った。その後もチームはぐんぐんと勢いをつけ、足を引っ張っていたチームが会社全体を牽引するまでに成長し、その後の会社の勢いをつくった。まるでドラマのような展開だった。

## どんな企業も3年で変われる！

私はこの経験を経て、確信したことがある。それはまず、**組織は変われる**ということだ。これはデータでも証明されている。

図17は、従業員からの評価を2015年・2018年それぞれで集計し、変化量を調査したものである（各年の現職回答数10件以上の企業に限定）。図は調査した2383社のうち、変化量の多かった上位24社を並べている。

この図を見て、どう感じるだろうか？　私は「希望があるな」と感じた。なぜなら、設立年度が比較的古い会社であっても、企業は3年で変われることを表しているからだ。

## 図17 従業員5000人、1万人を超える大きな企業であっても、3年で「職場の空気」は変わる

| | 企業名 | 2015年 社員の士気 | 2018年 社員の士気 | 変化量 |
|---|---|---|---|---|
| 1 | 日鉄ソリューションズ株式会社 | 2.6 | 3.3 | 0.7 |
| 2 | グリー株式会社 | 2.6 | 3.3 | 0.7 |
| 3 | ノバルティス ファーマ株式会社 | 2.4 | 3.1 | 0.7 |
| 4 | 株式会社丸井グループ | 2.4 | 3.1 | 0.7 |
| 5 | シスコシステムズ合同会社 | 3.4 | 4.0 | 0.6 |
| 6 | 株式会社電通国際情報サービス | 3.1 | 3.7 | 0.6 |
| 7 | ヤマハ株式会社 | 2.8 | 3.3 | 0.5 |
| 8 | 東京エレクトロン株式会社 | 2.7 | 3.2 | 0.5 |
| 9 | PwCあらた有限責任監査法人 | 2.6 | 3.1 | 0.5 |
| 10 | デル株式会社 | 2.9 | 3.4 | 0.5 |
| 11 | 日本アイ・ビー・エム・サービス株式会社 | 2.5 | 3.0 | 0.5 |
| 12 | ソニー株式会社 | 2.9 | 3.3 | 0.4 |
| 13 | 全日本空輸株式会社（ANA） | 2.8 | 3.2 | 0.4 |
| 14 | 日本マクドナルド株式会社 | 2.7 | 3.1 | 0.4 |
| 15 | 第一生命ホールディングス株式会社 | 2.8 | 3.2 | 0.4 |
| 16 | AIG損害保険株式会社 | 2.7 | 3.1 | 0.4 |
| 17 | 株式会社ADKマーケティング・ソリューションズ（旧:株式会社アサツー ディ・ケイ） | 2.7 | 3.1 | 0.4 |
| 18 | SMBC日興証券株式会社 | 2.7 | 3.0 | 0.3 |
| 19 | 株式会社ベネッセコーポレーション | 2.8 | 3.1 | 0.3 |
| 20 | プルデンシャル生命保険株式会社 | 4.0 | 4.3 | 0.3 |
| 21 | 鹿島建設株式会社 | 3.3 | 3.6 | 0.3 |
| 22 | 富士フイルム株式会社 | 2.8 | 3.1 | 0.3 |
| 23 | 株式会社村田製作所 | 3.0 | 3.3 | 0.3 |
| 24 | アマゾンジャパン合同会社 | 3.2 | 3.5 | 0.3 |

※対象レポート：2014年7月から2019年6月までに投稿された全レポート（ただし、2013年以前の退職者を除く）
※レポートn数：21万3099件、企業n数：2383社を元に著者分析

## 図18　3年で社員の士気が大きく上がり、働きがいスコアが3.0を超えた企業には古い設立年度の会社も

| 企業の設立年代 | スコアが3.0を超えた社数 |
|---|---|
| 1940年代以前 | 4 |
| 1950年代 | 3 |
| 1960年代 | 2 |
| 1970年代 | 1 |
| 1980年代 | 3 |
| 1990年代 | 2 |
| 2000年代 | 7 |
| 2010年代 | 2 |
| 総　計 | 24 |

※対象レポート：2014年7月から2019年6月までに投稿された全レポート（ただし、2013年以前の退職者を除く）
※レポートn数：21万3099件、企業n数：2383社を元に著者分析

**設立が古い会社でも3年もあれば職場の環境は変わる**

一般的に、組織が変わるには、長い年月がかかると思われがちだ。私も大企業で働いていたとき、「大きな組織では、染みついた行動様式はなかなか変わらないなぁ」と感じたことがある。だが、図18は、従業員が5000人や1万人を超える企業であっても、そして設立年度が古い企業であっても、たった3年で「職場の空気」が変わることを示唆している。

では、変化を起こす原動力はいったいなんなのだろうか。最もドラスティックな変化を起こすのは、結論から言うと**「社長**

の変化」である。

## 「社長の交代」が職場の環境を変える原動力になる

「社長が代わったら、社風が大きく変わった」という傾向は、企業がドラスティックに変わるときによく聞く話だ。ただ、このとき大事なのは当然、社長が交代することそれ自体ではなく、それにより何が変わるか、ということだ。

たとえば、IT業界の巨人、日本マイクロソフトは2010年代の中ごろから数年で、組織の風土があきらかに変わったことが観測できる。こういうクチコミが散見されるようになった。

・CEOが代わってから社会や人全般に対する企業ミッションへの意識が高まり、従業員の士気も高い
・新CEOのサティア・ナデラに代わってから、大きくクラウド事業に舵を切り、組織、その人材も少しずつ刷新してきていて、以前のイメージと大きく変わった

・会社全体として覇気があり、自社製品に自信をもつ社員が多い。とくにCEOがSatya に交代してから社内文化の充実が進み、いい方向にいっていると思う

サティア・ナデラは、２０１４年2月からマイクロソフトの3代目のＣＥＯに就任している。実際、日本マイクロソフトの「e-NPS」は、２０１４年からの4年間で、６・３１から、７・０３に変化を遂げている。

では、いったい「社長が変わる」とはどういうことか？

## 「社長の名前がバイネームで書かれる」となぜよいのか

組織の変化における最も重要なサインの1つは、**「社長の名前がバイネーム（名指し）で書かれるかどうか」**にある。企業にはあきらかに、社長の顔がオープンになっている組織と、反対に社長の顔がオープンになっていない組織がある。

そして現場の社員は、自分が思っている以上に「社長を知らない」のだ。たとえば、日本の時価総額トップ20に入る企業のうち、私たちは何社の社長をバイネームで言えるだろうか？　加えて、その人はどんな思想をもち、どんな経営をしているかをクリアに理解しているだろうか？

**【時価総額トップ20の企業】（2019年8月時点）**

トヨタ自動車、ソフトバンクグループ（親会社）、日本電信電話、NTTドコモ、ソニー、キーエンス、ソフトバンク（子会社）、三菱ＵＦＪフィナンシャル・グループ、ファーストリテイリング、ＫＤＤＩ、リクルートホールディングス、武田薬品工業、オリエンタルランド、任天堂、三井住友フィナンシャルグループ、第一三共、日本たばこ産業、日本郵政、本田技研工業、ゆうちょ銀行

よっぽどの経済オタクでない限り、社長のことを知っている会社が思ったよりも少ないことに気づくのではないだろうか。「他人の会社だから仕方ない」、そう思ったかもしれないが、言いたいことはそうではない。もう少し身近な視点でも実は同じなのだ。

たとえば、あなたは、自分の会社のうち、次の10人の取締役・執行役員の何人の名前と顔が一致し、その思想を理解しているだろうか？

①社長（会長／代表取締役社長）
②副社長
③最高財務責任者
④最高技術責任者
⑤最高マーケティング責任者

⑥最高戦略責任者
⑦営業担当執行役員
⑧主要事業の執行役員
⑨新規事業担当の執行役員
⑩社外取締役

何人の顔と名前が一致しただろうか？「どんな人で、何を普段しているか」を説明できるだろうか？　大きな組織であればあるほど、おそらく答えられても3人か4人ではないだろうか。

## 「トップの顔が見えているか」が重要

しかし、よくよく考えてみれば、「トップの顔が見えているか」や「哲学や思想が見えているか」は、ビジネスの世界以外では当然のこととされている。

たとえば、野球やサッカーのチームで考えれば、「監督の名前も哲学もわからない状態」で、そのチームで頑張れるか、いい組織がつくれるかというと、そう簡単ではないだろう。

その意味で、「会社の経営者の顔と哲学がオープンになっていない状態」というのは、指揮官がＡＩのスポーツチームでプレーするようなものである。つまり、かなりやりづらいものなのだ。

ただ、オープンといっても「社外」に向けて顔を出すべきというわけではない。むしろ、優れた経営者の中には、社外に向けた発信を好まない人も多い。カリスマ経営者というと、一般的に社外への発信に積極的なイメージがあるが、そうではない人も多々いる。

では、どういう構造なのか。整理すると図19のようになる。

２×２のマトリックスは、横軸が「社外」に対する情報発信の積極さ、縦軸が「社内」に対する情報発信の積極さを示している。言い換えれば、左上は、社外にも社内にも情報がオープンであり、右下はどちらにもオープンではない。こういうことだ。

このうちオープネスが高い組織の経営者は、①と②になる。実際問題、社外への発信が多いかどうかは、社長の性格という要素もあるが、どちらかというと「必然性」によるところも大きい。具体的に言うと、創業社長は情報発信に積極的であることが多く、２代目以降の社長は少なめであることが多い。その理由は、「採用／ＰＲ活動へのコミットメン

**図19　経営者は必ずしも社外に発信する必要はない**

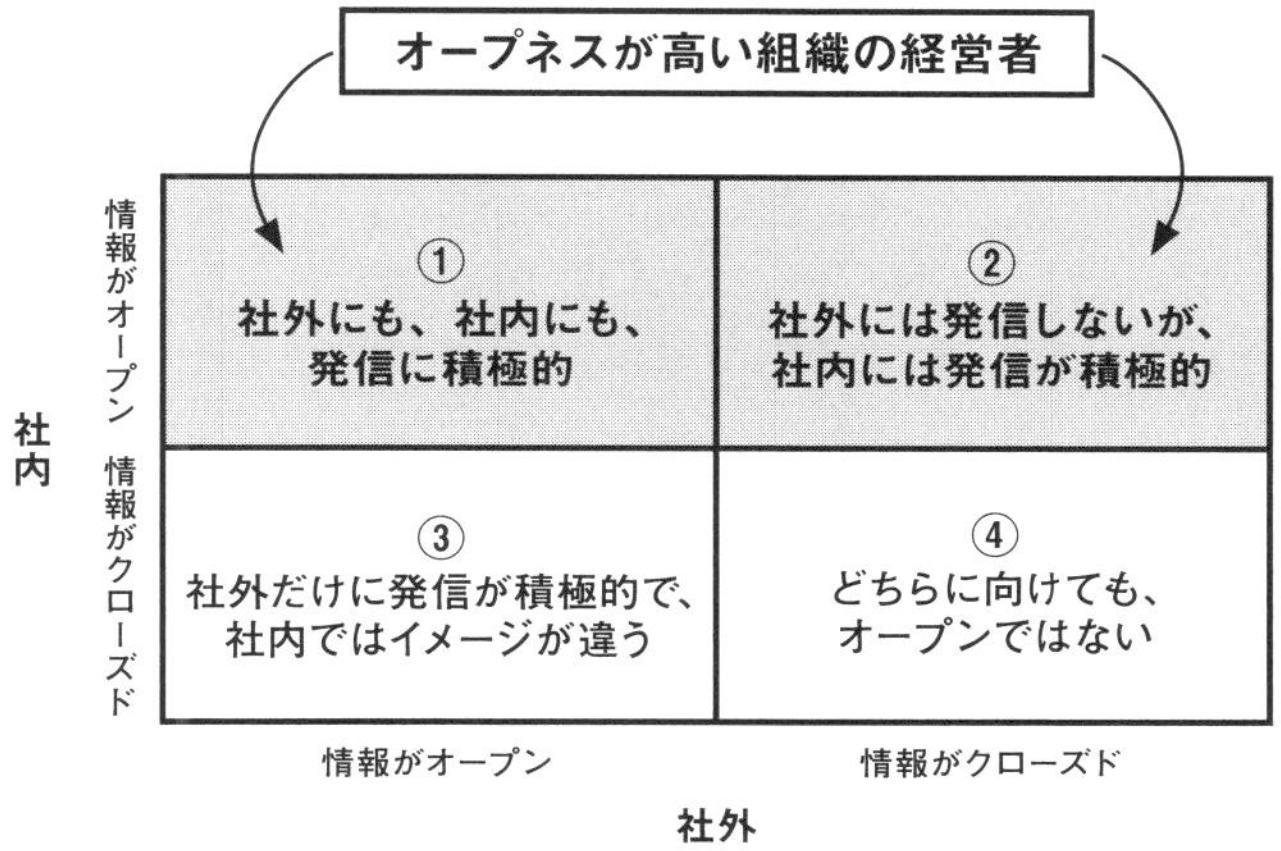


ト」にあると思われる。創業期の企業にとって、採用／ＰＲ活動で未来を担う人材を採ることは最優先課題の１つであることが多い。

その際、最も採用のキーになるのは、大半のケースで創業社長の魅力である。なりふりはかまっていられない。創業社長自らがスポークスマンとなり、社内だけではなく、社外に対しても情報を発信せざるをえない傾向にある。したがって、社外に対しても情報がオープンになる傾向が強い。

反対に、２代目以降の経営者は、ブランドが十分にできた状態で経営を引き継ぐケースも多く、結果的に「社内に対してはコミュニケーションをとるが、社外には発信しない」場合でも、十分にうまくいく可能性がある。

これらの要素が、社長が社外に情報発信するかどうかの違いを決める。つまり、「好き嫌い」と「必要か不要か」という観点で決まる。

## 「人気は高いが働きがいが低い企業」の傾向とは?

反対に「経営開放性」が著しく低くなるケースは、言わずもがな、前ページ図19の③と④になる。とくに最も従業員スコアを下げるのは、③(社外にはオープンだが社内には閉鎖的)である。つまり、社外PRでは「カッコイイこと」を言いながら、社内では実態が異なる、というケースである。

たとえば、採用活動において、人気はあるけれど働きがいが低い企業などは、ここに該当する傾向が強い。従業員の働きがいスコアを大きく下げる傾向にある。なぜなら、従業員の期待値を下回るからだ。社員は一種の「憧れ」のような幻想を抱いて入社するが、現実とのギャップに苦しむことになる。

こういった企業には、以下のようなクチコミが散見される。

・賢い社長に惹かれて入った。しかし、社内は顔色をうかがう人間しかいない。ワークライフバランスはない
・社長がメディアに露出するのはいいが、実態が伴っていない
・壮大な世界観を目指している社長はかっこいいと思うが、もっと社員に目を向けてほしいと思う

## 「顔をオープンにする」ことはコミットする姿勢の表れ

以前、ある投資家から面白い話を聞いたことがある。彼らには「絶対に投資しない会社」があるというのだ。

それは、ホームページやインターネット、SNSなどで、社長が何も情報を発信していない、あるいは顔を出していない企業。その理由は「表に出たらマズイことが、裏にあるからだ」という。

たしかに、自分自身の立場になって考えてみるとわかりやすい。顔を出すというのは、マーケットや会社に対してコミットメントをする、ということだ。私はこの会社の顔であり、業績が下がったら、それは私の責任であり、批判も受け入れる。こういう覚悟がないとできない。

ある著名な上場企業の経営者と対談したとき、こんな話を聞いたこともある。経営にとって最も重要な要素は**「自分のやっていることをオープンにすること」**と**「聞く耳をオープンにすること」**だというのだ。

その企業は全国に支店をもつインフラ企業だが、社長自ら現場の人に会いにいき、その内容を社内報に載せて、必ず毎週、全社員に送るという。しかも、それだけではなく、いつでも連絡が取れるように、その社内報には社長直通の連絡先も添える。彼はすべての施策の中で、これが一番効果的だと語っていた。

## オープンな場で、自分の意見をはっきり言う人は信用できる

「自分の顔をオープン」にし、そして「社内からの声を聞く姿勢」をもつことは、もう少し小さなスケールでも同じく重要だ。自分の顔を出し、意見を言うということは、それに対してコミットするという宣言である。批判を受け入れ、説明責任も果たすということだ。

実際、自分が経営をしてきた経験から言っても、匿名ではやたらとコメントを書くのに、実名でのコメントをしないメンバーは、責任感がないことが多い。反対に、飲み会などのオフの場では悪口や批判は絶対に言わないが、オープンな議論の場ではしっかりと自分の

意見を言うメンバーは、会社への事業貢献度が高い傾向にある。

つまり、社長に限らず、その組織を率いるリーダーのうち、111ページ図19の①と②の割合がどれぐらいいるか、彼らが「オープネスを高める行動を取っているかどうか」は事業の未来を決定づけるほど大きい。要約するとこうなる。

**・社長の考えをオープンにすることは、最も組織を変革しやすいドライバー（原動力）である。ただし、その際、「社外」に対してオープンにするかは、事業環境による要請が大きく、必須ではない**

**・経営開放性は、社長から現場への一方的な情報ではなく、「現場→経営」への意見に対して「耳をオープンにしているか」も大きい**

# 風通しの悪い組織は「グレートカンパニー」にはなれない

ここまで読んで、「オープネスが高い＝自由で、開放的」という印象をもつ方もいるかもしれないが、この本で言いたいこととは少し違う。

というのも、**強い組織の中にはあきらかに「閉鎖的で官僚的な企業」も存在しているか**らだ。

たしかに、強い組織というのは、一種の宗教なような面をもつことがある。何百年、何千年と存在し続けている組織は、たとえば宗教団体がそうだが、しばしば閉鎖的な面をもつ。同様に、強い会社は、独特の風土があることが多い。人が「あの人は、あの会社っぽいね」と言うとき、そこには独特のカルチャーがある、ということを意味する。

地方にいると、小さなコミュニティの中でとても強いつながりをもつ組織もある。彼らは閉ざされた場所、閉ざされた人間関係の中で長い時間を過ごすことで、強烈なコミットメントを生み出している。

こういう組織の共通点は、エントリーマネジメントに力を入れていることにある。エントリーマネジメントとは、入社の時点で「文化との相性」をしっかりとチェックすることを指す。入り口で絞るわけだ。その文化は世間一般的に言うと、かなり偏った価値観であることが多い。よって外部から見ると、宗教っぽく見える。

文化形成もそうだ。文化形成とは、その企業にとって「良いとされる行為」と「悪いとされる行為」を浸透させる施策だが、強い文化をもつ企業は、文化形成のための施策をもっていることが多い。

リクルートに代表されるように、四半期や半期に1回など定期的に集まり、何が自社のカルチャーを体現しているのか、どんな行動を善とするかを浸透させていく。これらは外にいる身からすると、やや強烈な組織に見えることがある。スタートアップの企業の中にも同様の習慣を踏襲している企業は多い。

重要なのは、そういった組織は、中で働く人にとって「悪い会社ではない」ことだ。むしろ、チームに対して愛着をもっていることも多い。これは、好きな人・気の合う友人と働く時間が長い、ということなので、従業員の満足度も高い傾向にある。つまり、「好き嫌い」と「良い悪い」はまったく違うものだと認識する必要がある。論理的には当然の話だろう。

## 企業が外してはいけない2つのポイント

では、何が企業にとって、「外してはいけないポイント」なのだろうか。結論から言うと、**「風通しの良さ」と「人事評価の適正感」**である。

人事評価の適正感は、従業員がどれだけ人事制度に対して、妥当であると感じているかどうか。風通しの良さは、従業員が感じる、意見の言いやすさ、職場環境の心地よさ、人間関係の良好さを指す。

データを見てみると、興味深いことに、これらが低い企業で、「社員の士気」が高い企業はほとんどない。

具体的に言うと、風通しの良さのスコアが低い企業（同スコアが2・5未満、該当142社）のうち、社員の士気が〝低くはない〟と言える水準（同スコアが3・0）を上回る

**図20 「風通しの良さ」のスコアが低いが、「社員の士気」が高い企業は、2383社中13社しか存在しない**

| | |
|---|---|
| 株式会社日本セレモニー | 新生ホームサービス株式会社 |
| 株式会社シーボン | 株式会社アミティー |
| 株式会社不二ビューティ | シャネル合同会社 |
| 日本テクノ株式会社 | 株式会社グレープストーン |
| 株式会社ビッグモーター | 株式会社シノケンハーモニー |
| 大東建託株式会社 | 住友不動産販売株式会社 |
| 東京消防庁 | |

※対象レポート：2014年7月から2019年6月までに投稿された全レポート（ただし、2013年以前の退職者を除く）
※レポートn数：21万3099件、企業n数：2383社を元に著者分析

企業は、13社（9％）しかない（図20参照）。
つまり、**「風通しが悪いのに、社員の士気が高い会社」は世の中にごくわずかしかない**のだ。

ちなみに、なぜここで社員の士気を見ているかというと、組織が変革する際に、「社員の士気」はソフト面の中で、①総合的なやる気を表しており、最初に変わるきっかけになりやすい要素の1つであることと、②多くの人にイメージしやすい、からである（参考までに「e-NPS」で同様の分析をしても同じ結果が出る）。

## 「人事評価の適正感」が低い組織は必ず士気が低くなる

話を戻そう。同様の傾向は、人事評価の適正感でも同じだ。同スコアが低い企業、つまり「人事に納得いっていない！」会社（人事評価の適正感が2・5未満、該当465社）のうち、社員の士気が〝低くはない〟と言える水準（同スコアが3・0）の企業は25社（6％）しかない（次ページ図21参照）。

つまり、**人事評価の適正感が低いけれど、社員の士気が高い会社は、「ほぼ存在しない」**のだ。参考までに、この2つとも低いケース（風通しの良さのスコアと人事評価の適正感の両方が2・5以下の企業、該当44社）で、社員の士気が低くはない企業（同スコアが3・0以上を超える会社）は1社もない。

ゼロだ。

つまり「風通しの良さ」と「人事評価の適正感」――この2つは、社員の士気にものすごくダイレクトにヒットするのだ！

## 図21 「人事評価の適正感」が低く、「社員の士気」が高い会社は全体のわずか6％

| | |
|---|---|
| 株式会社ボードルア | 学校法人慶應義塾 |
| 株式会社タカラトミー | 学校法人滋慶学園 |
| Peach Aviation株式会社 | 株式会社ナルミヤ・インターナショナル |
| 独立行政法人日本貿易振興機構 | 株式会社トゥモローランド |
| クラブツーリズム株式会社 | 学校法人大原学園 |
| 国立大学法人北海道大学 | 株式会社阪急交通社 |
| 株式会社ケイ・ウノ | 国立研究開発法人国立がん研究センター |
| 株式会社紀伊國屋書店 | 日本ビジネスアート株式会社 |
| 株式会社ベアーズ | 株式会社こどもの森 |
| 株式会社アンビデックス | 株式会社綜合キャリアオプション |
| 株式会社ジョイックスコーポレーション | 東京都教育委員会 |
| 株式会社ワールドコーポレーション | 米国三越株式会社 |
| 株式会社エフ・ディ・シィ・フレンズ | |

※対象レポート：2014年7月から2019年6月までに投稿された全レポート（ただし、2013年以前の退職者を除く）
※レポートn数：21万3099件、企業n数：2383社を元に著者分析

### 図22 「待遇面の満足度」と「社員の士気」との相関は、約0.3とそれほど高くない

| | 相関係数 |
|---|---|
| 「風通しの良さ」と「社員の士気」 | 0.572 |
| 「人事評価の適正感」と「社員の士気」 | 0.616 |
| 「待遇面の満足度」と「社員の士気」 | **0.297** |

※対象レポート：2014年7月から2019年6月までに投稿された全レポート（ただし、2013年以前の退職者を除く）
※レポートn数：21万3099件、企業n数：2383社を元に著者分析

このように書くと、それは他の項目、たとえば、「待遇面の満足度」でも同じなのではないか？　という声が出そうだが、結論から言うと、それは違う。実は、**待遇面の満足度と社員の士気の相関はそれほど高くない**。これは意外な事実ではないだろうか？

図22の通り、風通しの良さと社員の士気、あるいは、人事評価の適正感と社員の士気の相関係数が0・6前後に対して、待遇面の満足度は0・3ほどしかない。

# 「給与は低いが満足度が高い企業」は存在するか

給与は士気に相関していない。

金満主義の人にとって、これは意外すぎる事実だ。だから、もう少し深掘りしてみよう。

前述のように、待遇面の満足度と社員の士気は思ったよりも相関が高くない。だとしたら、『待遇面の満足度』は低いが、『社員の士気』が高い企業」があるかもしれないということだ。わかりやすく言うと、従業員が「もっと金くれよ！」と思っているが、それでも「士気が高い」企業は、実際には存在しているのだろうか？

結論から言うと、存在している。

図23は、待遇面の満足度の高低と、社員の士気の高低で、企業を分類したものだ。このうち、右下の欄を見てほしい。**「待遇面の満足度は低いが、社員の士気は高い企業」が、27社存在している。**この中には、人材大手企業、有名なＩＴベンチャーや、農業テックベンチャー、ホテル会社、ヨ系コンサルティングファームなどがある。

**図23 「待遇面の満足度」と「社員の士気」の関係**

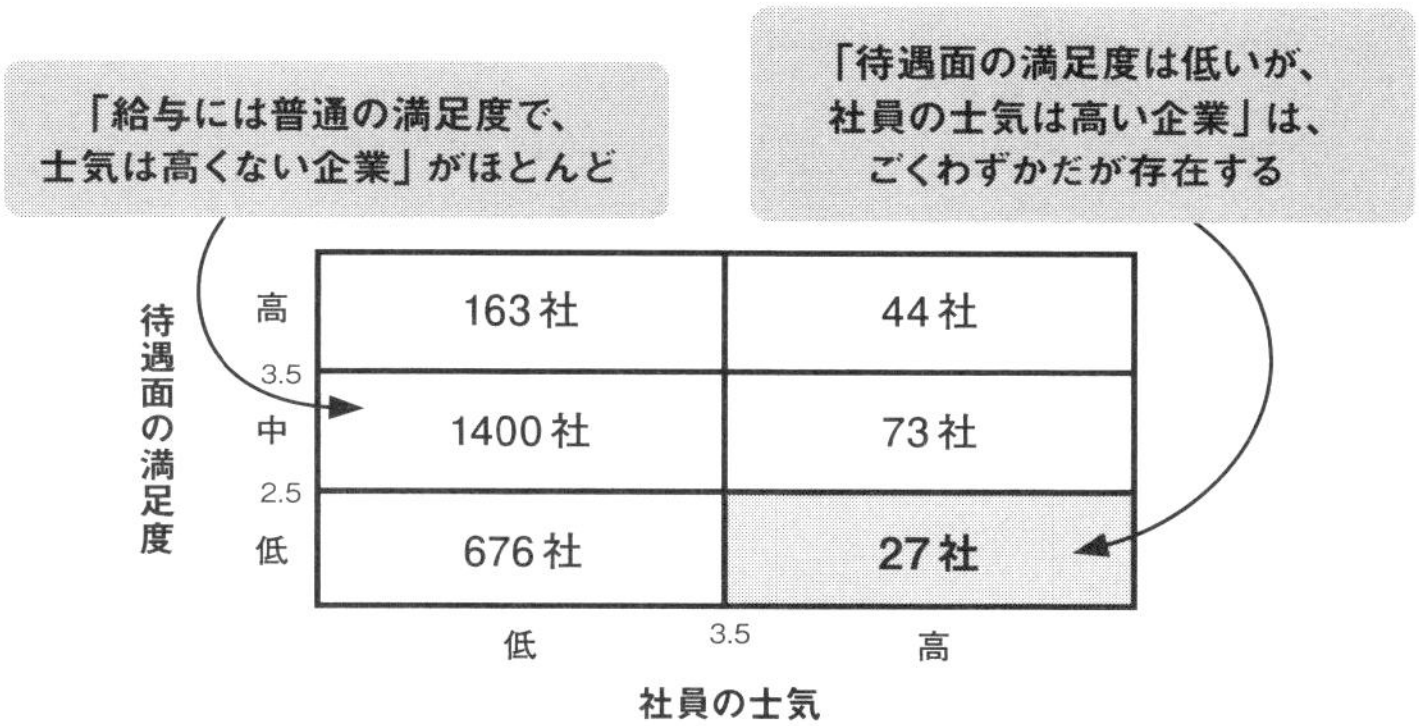


※対象レポート：2014年7月から2019年6月までに投稿された全レポート（ただし、2013年以前の退職者を除く）
※レポートn数：21万3099件、企業n数：2383社を元に著者分析

この中で大事なのは、「私たちが、これらの企業から学ぶべきことは何か?」だ。

そもそもなぜ、これらの企業は高い士気を保つことができるのだろうか?

## 「給与は低いが満足度が高い企業」の共通点

図23を見ればわかるが、基本的には、この国の職場のほとんどは中庸的（給与には普通の満足度で、士気は高くない）に分類される。一方で、これら27社の企業は、独自のルートを進んでいるように見える。では、何が秘訣なのだろうか?

結論を言うと、これら27社の企業の特徴は、**「風通しの良さ」「社員の相互尊重」「20**

**代の成長環境」の圧倒的な高さ**にある。その他の企業と比べて、これら3つのスコアがきわめて高いのだ（図24参照）。

これはとても示唆に富んだ話だ！

たとえば、中小企業やスタートアップにとって「待遇を上げること」は容易ではない。とくに上場前や調達前のスタートアップは資金が大企業に比べて乏しく、経営者が従業員に高待遇を準備できないケースは多い。その際、経営者としては何かしらの「代わりとなるもの」を提供する必要が出てくる。

データからは、十分な給与を準備できない際に、経営者がより大切にすべきなのは、次の3つの要素だと言える。

**①風通しの良さ**
**②社員の相互尊重**
**③20代の成長環境**

実際、これは私自身が経営者として働いてきた経験とも一致する。昔、パートやアルバイト、学生インターンをマネジメントしていた時期があったが、当時私が見ているチーム

## 図24 「待遇への満足度は低いが、社員の士気は高い」会社では3つの項目でスコアが高い

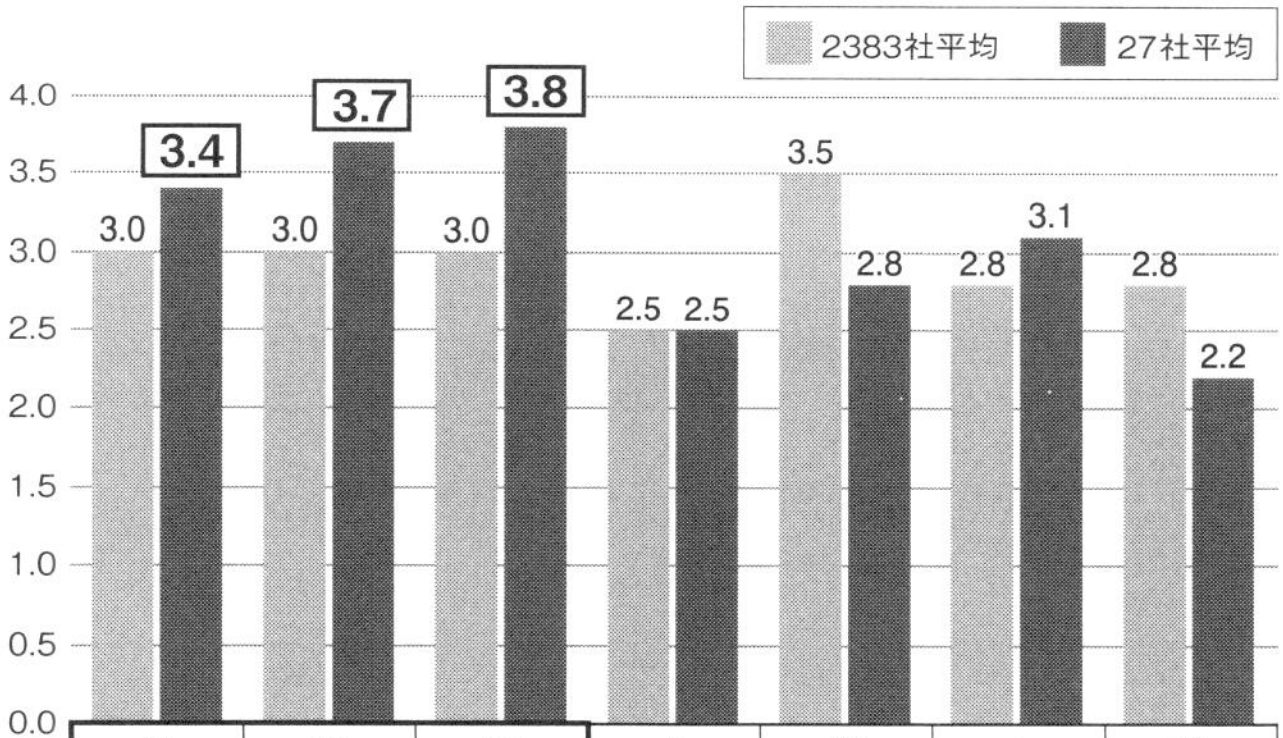


| | 風通しの良さ | 社員の相互尊重 | 20代の成長環境 | 人材の長期育成 | 法令遵守意識 | 人事評価の適正感 | 待遇面の満足度 |
|---|---|---|---|---|---|---|---|
| **2383社平均** | 3.0 | 3.0 | 3.0 | 2.5 | 3.5 | 2.8 | 2.8 |
| **27社平均** | 3.4 | 3.7 | 3.8 | 2.5 | 2.8 | 3.1 | 2.2 |

※対象レポート：2014年7月から2019年6月までに投稿された全レポート（ただし、2013年以前の退職者を除く）
※レポートn数：21万3099件、企業n数：2383社を元に著者分析

**「風通しの良さ」「社員の相互尊重」「20代の成長環境」は給与の代わりとして有効である**

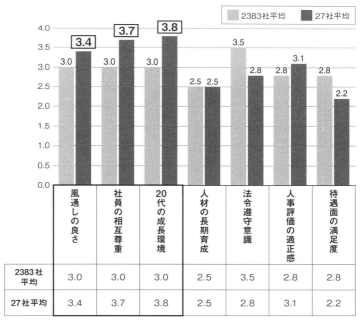

では、離職率が異常に低かった（そして雰囲気もとてもよかった！）。その際、最も大事にしていたのは、まさにこの3つだった。

パート・アルバイトスタッフに対しては、「お互いに対するリスペクトをもてる人だけを選ぶこと」と「なんでも意見を自由に言える環境をつくること」、学生インターンに対しては「成長できること」を大切にしていた。

前述の通り、結局、人が待遇だけを見るか、それ以外の要素も見るかは、人の「期待値（バー）」で決まる。給与が高くても、成長がない仕事を嫌がる人もいるし、その逆もいる。

## 長期的に楽しく働いてもらうための12のアクション

そうした中で、まず経営側がすべきなのは、待遇とそれ以外の両方を改善していくことだ。だが、構造上、どうしても今は待遇を改善できないケースもある。

それでも長く勤めてもらい、できる限り気持ちよく働いてもらうためには、「風通しの良さ」「社員の相互尊重」「20代の成長環境」の3つを高めることが大切なのだ。

具体的には、それぞれ次のようなアクションをとる必要がある。

【風通しの良さを高める4つのアクション】

・情報のシェアや成功事例を多部署に展開するなどの行為を賞賛する
・何か困ったことがあったら、いつでも相談できる時間や環境を用意しておく
・成功例やいい話だけではなく、悪い話や過去の失敗談をリーダーが率先して話す
・リーダーが率先し、陽気でご機嫌であり続ける努力をする（上司が楽しそうな組織は風通しが良くなりやすい）

【社員の相互尊重を高める4つのアクション】

・メンバーの仕事の能力や成果だけを確認するのではなく、「本人の意思や希望」も確認する機会をもつ
・意見の衝突があったとき、まず個人の選択を尊重し、敬意を示した上で、意見を述べる
・役職ではなく、名前で呼ぶ文化を醸成する
・立場やポジションに関係なく、誰もが自分の意見を主張する機会を定期的に設ける

**【20代の成長環境を高める4つのアクション】**

・既存の業務だけではなく、新しいプロジェクトやミッションに挑戦できる機会を定期的に用意する
・育成を投資だと考え、本人が能動的に勉強し、成長する機会を会社として応援する
・年齢や役職に関係なく、成果や意思に応じて、業務を配分、アサインさせる
・定期的にキャリアディベロップメントの面談を行い、中長期のキャリア戦略を設計する

オープネスの誤解①

# 「高ければ高いほどいい」わけではない

ここまでオープネスについて述べてきたが、いくつか勘違いされそうな点を説明しておきたい。

1つめは、**オープネスは高ければ高いほどいいというわけではない**、ということだ。

言い換えれば、人々は職場に対して、ある程度のオープネスを求めているが、必ずしも極度に高いオープネスは求めていない。大事なのは、人々が期待する水準に対して、実態が上回ることにある（何度も述べて申し訳ない！）。

なぜ人は高すぎるオープネスを求めないのか。それは、オープネスは一般的に衛生要因と呼ばれるものだからである。

一般的には、給与などの待遇は衛生要因と言われ、「低すぎる」と致命的なダメージを与える。一方で、必要以上に高くても、それほどプラスには働かないと言われる（フレデ

**図25 オープネスの高さはバーを超えていればいい**

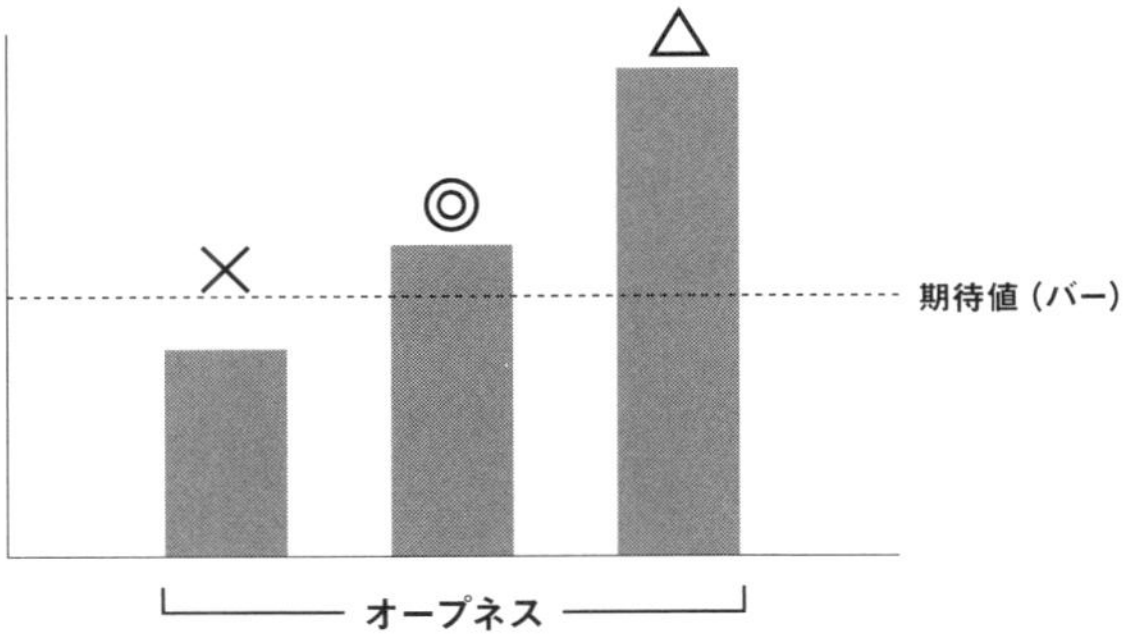


**オープネスが低いのはよくないが、極度に高くてもプラスにはならない**

リック・ハーズバーグの「二要因理論」）。

反対に、仕事の面白さなどは動機付け要因と言われ、高ければ高いほど良いとされる。オープネスは、衛生要因に含まれる。必ずしも高ければ高いほど良い、というわけではないが、低いと従業員満足度に致命的なダメージを与える。

従業員は、会議室のすべてを文字通りガラス張りにしたり、会議の議事録をすべて共有してほしいわけではない。ましてや自分のプライベートをすべて開示し、理解してほしいと思っているわけでもない。ある一定のオープネスの高さを超えてからは、その組織では比例して業績も上がらないし、従業員の満足度も上がらないのだ。

オープネスの誤解②

# 「大きい組織だと高められない」はウソ

一般的なイメージで言うと、組織が大きくなればなるほど、風通しは悪くなりそうな印象がある。反対に、小さな組織であればあるほど、風通しが良さそうな気もする。

実際にデータで見てみよう。次ページの図26は、設立年度と従業員規模別に「風通しの良さ」の平均値をとったものだ。

この表を見れば、**風通しの良さは「従業員数」だけではほとんど決まらない**ことがわかる。より正確に言うならば、従業員数が1000人未満までは、それ以外に比べてわずかに風通しが良い傾向（+0・1）があるが、ほぼ誤差のレベルだ。つまり、「従業員が多くなればなるほど、風通しが必ず悪くなる」「従業員数が少ない=風通しが良い」ということは、〝ない〟のだ。設立年度でも同様の傾向が見てとれる。

つまり、風通しの良さとは、その会社特有の固有値なのだ。これは従業員数が10万人を超えても同じだ。バラツキが存在していることが確認できる（135ページ図27参照）。

## 図26 設立年度と従業員規模は「風通しの良さ」には関係がない

| 設立年度 | 従業員規模 | | | | |
|---|---|---|---|---|---|
| | 1000人未満 | 1000人以上1万人未満 | 1万人以上10万人未満 | 10万人以上 | 平均 |
| 1899年以前 | 3.29 | 2.92 | 3.03 | 2.90 | 2.97 |
| 1900年代 | (—) | 3.15 | 3.01 | (—) | 3.10 |
| 1910年代 | 2.98 | 3.05 | 2.87 | 3.11 | 3.00 |
| 1920年代 | 2.71 | 2.80 | 2.95 | 2.99 | 2.86 |
| 1930年代 | 2.78 | 2.89 | 3.07 | 3.15 | 2.95 |
| 1940年代 | 3.01 | 2.92 | 2.88 | 3.11 | 2.92 |
| 1950年代 | 2.95 | 2.96 | 2.89 | 2.88 | 2.95 |
| 1960年代 | 3.12 | 2.94 | 2.89 | 2.88 | 2.97 |
| 1970年代 | 3.00 | 2.89 | 2.95 | 3.07 | 2.93 |
| 1980年代 | 3.10 | 3.04 | 2.96 | 3.23 | 3.06 |
| 1990年代 | 3.17 | 3.11 | 3.00 | (—) | 3.13 |
| 2000年代 | 3.26 | 3.09 | 2.92 | 2.62 | 3.15 |
| 2010年代 | 3.16 | 3.02 | 2.98 | 2.89 | 3.07 |
| 平均 | 3.13 | 2.99 | 2.93 | 2.95 | 3.02 |

※対象レポート：2014年7月から2019年6月までに投稿された全レポート（ただし、2013年以前の退職者を除く）

※レポートn数：21万3099件、企業n数：2383社を元に著者分析

**風通しの良さは「従業員数」だけではほとんど決まらない！**

## 図27 従業員数が10万人以上の企業の「風通しの良さ」にも大きくバラツキがある

| | 企業名 | 従業員規模 | 風通しの良さ |
|---|---|---|---|
| 1 | ソニー株式会社 | 10万人以上 | 3.62 |
| 2 | 株式会社リコー | 10万人以上 | 3.31 |
| 3 | 日本電信電話株式会社（NTT） | 10万人以上 | 3.23 |
| 4 | トヨタ自動車株式会社 | 10万人以上 | 3.22 |
| 5 | 株式会社デンソー | 10万人以上 | 3.15 |
| 6 | パナソニック株式会社 | 10万人以上 | 3.15 |
| 7 | 住友電気工業株式会社 | 10万人以上 | 3.11 |
| 8 | 日産自動車株式会社 | 10万人以上 | 3.11 |
| 9 | イオン株式会社 | 10万人以上 | 3.09 |
| 10 | 日本電産株式会社 | 10万人以上 | 3.07 |
| 11 | 株式会社日立製作所 | 10万人以上 | 3.03 |
| 12 | 富士通株式会社 | 10万人以上 | 2.99 |
| 13 | 株式会社東芝 | 10万人以上 | 2.90 |
| 14 | WDB株式会社 | 10万人以上 | 2.89 |
| 15 | アイシン精機株式会社 | 10万人以上 | 2.88 |
| 16 | ウォルト・ディズニー・ジャパン株式会社 | 10万人以上 | 2.88 |
| 17 | ヤマト運輸株式会社 | 10万人以上 | 2.87 |
| 18 | 三菱電機株式会社 | 10万人以上 | 2.86 |
| 19 | 東京都 | 10万人以上 | 2.86 |
| 20 | 航空自衛隊 | 10万人以上 | 2.78 |
| 21 | 陸上自衛隊 | 10万人以上 | 2.57 |
| 22 | 矢崎総業株式会社 | 10万人以上 | 2.56 |
| 23 | 日本郵政株式会社 | 10万人以上 | 2.55 |
| 24 | 防衛省 | 10万人以上 | 2.54 |
| 25 | 日本郵便株式会社 | 10万人以上 | 2.45 |

※スコアが高い25社を掲載

※対象レポート：2014年7月から2019年6月までに投稿された全レポート（ただし、2013年以前の退職者を除く）

※レポートn数：21万3099件、企業n数：2383社を元に著者分析

**→従業員数が10万人を超えても「風通しの良さ」に差はほとんどない**
**→風通しの良さは、その会社特有の固有値である**

オープネスの誤解③

# 「オープネスが高い組織＝フラットな組織」ではない

オープネスに関する3つめの誤解は、「オープネスが高い組織＝フラットな組織」というイメージだ。

「階層がないフラットな企業」というのは、定期的に脚光をあびることがある。2010年代中ごろには「ティール組織」と呼ばれる組織形態が注目された。ティール組織は、セルフマネジメントを軸に、フラットな組織で、「自主経営」「全体性」「存在目的」を軸に経営する組織を指す。

「オープネスが高い組織」というと、一般的には、フラットな組織形態をイメージしがちだが、組織の階層数はそれほど重要ではない。言い換えれば、**組織階層が多くても「オー**

**図28 オープネスの高さと階層数の関係**

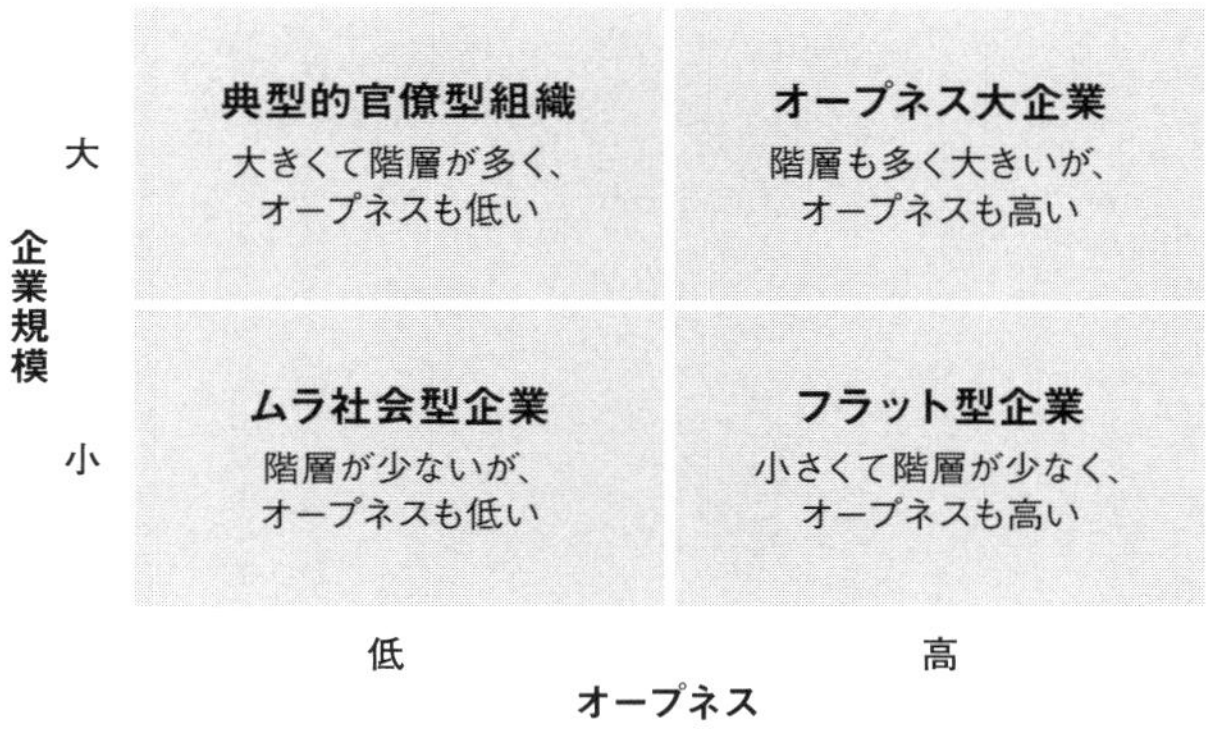


**プネスが高い組織」もあるし、その逆もある。**

現実的には、事業規模が大きくなっていき、事業ドメインが複雑になると、どうしても組織階層の必要性は高まる。とくに複数国で事業を展開しているケースや、ホールディングス制（純粋持株会社形式）をとっている企業などは、構造上、どうしても階層が生まれてしまう。言い換えれば、**オープネスが高いかどうかは、階層の数やフラットさからは独立した要素である**、ということだ（図28参照）。

事業には必ず「ルーティンワーク」と「プロジェクトワーク」の2つがある。ルーティンワークとは、定型化された業務であり、この場合、誰がやっても成果にバラツキが出すぎないほうがいい。

反対に、プロジェクトワークは、非定型の業務を指す。たとえば、「新規事業を3年以内に立ち上げ、売上○○億円を目指せ」などをイメージするとわかりやすいだろうか。期間が決められ、明確な目的がある。そして、プロジェクトワークは、アサインさせるメンバーによって、成果に大きくバラツキが出る。

## 階層は「ルーティンワーク」と「プロジェクトワーク」の割合で決まる

「ルーティンワーク」と「プロジェクトワーク」の業務割合は、実際にどれだけ組織の階層が必要か、を決定づける面がある。

たとえば、ルーティンワークが多い組織では、組織は正しい順番で、決められたことを確実にやったほうがいい。そのためには、「経験豊富な人から、経験が浅い人へ」「意思決定者から現場へ」の指示系統があったほうがいい。したがって、階層は比較的多めになる。これは、オープネスとは別の視点の話である。

一方で、プロジェクトワークが多い組織では、求められる仕事は、その目的によって大きく変わる。この際、大事なのは「組み合わせ」だ。どんな個性や強みをもった人を、どんな組み合わせにすればよいか、が大事になる。漫画『ONE PIECE』をイメージすればわかりやすいが、環境変化が激しく、どんな敵と戦うかわからない状態では、一人ひとりのパフォーマンスを最大化させる戦い方、言い換えれば、一人ひとりが自分の頭で考えながら仕事を進めるほうが強い。

その結果、「階層を多くする」インセンティブが弱く、「従業員一人ひとりが、その場に応じて、最適な意思決定を行えること」が重要になる。言い換えれば、権限や裁量権は個人に対して与えたほうが効率はいい。だから、階層は少なくても成り立つ。たとえば、コンサルティングファームなどの業種では、プロジェクト型の業務が多く、ティール型に近い組織（＝階層が少ない）は理論上発生しやすい。

反対に、**組織が大きくなればなるほど階層が必要になるのは、プロジェクトワークに対して、ルーティンワークの割合が増えていくから**なのだ。

## 「オープネス」と「戦略」は対の関係にある

オープネスは、優れた戦略と対になって初めて動き出す。

これまで何度も述べてきたように、「オープネスは高ければ高いほどいい」というものではない（図29参照）。「オープネスが高いだけ」でもいい組織はつくれない。なぜなら、**オープネスが高い〝だけ〟の組織は、人々にとって居心地がいいかもしれないが、ただの友達グループと変わりがない**からだ。

言い換えれば、オープネスが高い状態は、グレートカンパニーであるための「必要条件」であって、「十分条件」ではない。より具体的に言えば、優れた戦略も必要になる（詳細は第４章で述べる）。

オープネスは次のようなタイミングでこそ真価を発揮する。

図29 「オープネスが高い」だけでは、グレートカンパニーではない

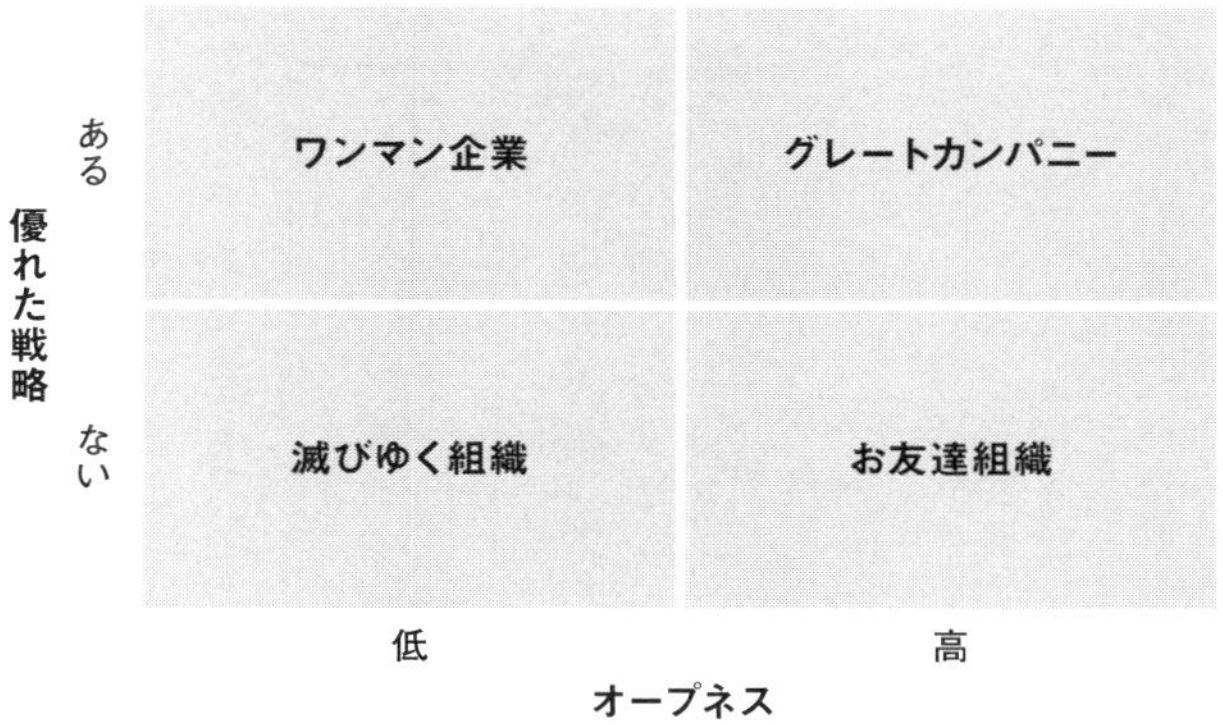


・事業環境が変化するタイミング
・売上が好調で、さらにそれを伸ばすタイミング
・反対に売上が縮小し、組織のダウンサイジングが必要なタイミング

## オープネスが低くてもうまくいく「ワンマン経営」

オープネスが低い状態では、組織は硬直化しやすい。

**この状態で成り立つのは、ワンマン経営のパターンだけだ。**

ワンマン経営の場合、オープネスが仮に低くとも、カリスマ経営者の鶴の一声で組織は動く。彼らには、神通力のようなパワーがある。この場合、「言わなくてもわ

かる子分的な社員」がたくさんまわりにいる。多くの従業員が、その人物の「隠れた文脈」を熟知しているのだ。

だが、カリスマ経営者も次第に歳をとり、どこかでバトンタッチが必要になる。問題は次の経営者に代替わりしたときに顕在化しやすい。なぜなら、組織の中には、次の章で述べる3つの罠（ダブルバインド、トーション・オブ・ストラテジー〈戦略のねじれ〉、オーバーサクセスシェア）が蔓延しているからだ。

では、オープネスを高めるためには具体的にどんなことに気をつければいいのか。次章で詳しく見ていこう。

## 第2章であきらかになった「オープネス」の正体

- 「本音と建前」の日本の職場には、オープネスが足りていない
- オープネスとは「経営開放性」「情報開放性」「自己開示性」
- 社長の顔と名前が社員から知られているほど、いい組織である
- 風通しが悪いのに、社員の士気が高い会社はほとんど存在しない
- 給料と社員の士気はあまり関係ない
- オープネスは、高ければ高いほどいいわけではない
- 組織の規模とオープネスは関係ない
- 「オープネスが高い＝フラットな組織」ではない

# 第3章

# オープネスをどう高めるか

# オープネスを「邪魔しているもの」は何か

その日、私はパソコンに向かいながら、次の質問について考えていた。

「リーダーが自分の部下のために、本質的にできることは何か?」

というのも、翌日、あるメディアから組織論に関するインタビュー取材が組まれていたからだ。その年、私は幸運にも自著が売れたこともあり、1年で100回近くの取材を受けていた。「とにかくやりきろう!」と年初から決めていたこともあり、出られるものにはすべて出るようにした。最初は楽しかったものの、次第に自分の話に飽きつつあった私は、あるときから自分ルールを決めた。

「できる限り、同じ話は2回しない」

取材対応というのは、手を抜き始めると、毎回同じ話をするようになってしまう。ただ、それだと聞き手は面白いが、自分は成長がない。そのため、取材前日までに「今回はこういうことを言ってみよう！」という新しい話を考え、話すようにしていたのだ。私はその夜、眠い目をこすりながら、「リーダーが、自分の部下のためにできること」を必死に考えた。うーん……。

そしてひらめいた。

1つは**「めちゃくちゃ優秀で魅力的な人を採用すること」**。

言い換えれば、今の組織を活性化させ、チーム全体のレベルを上げられるような人を探してくることだ（これはわりと有名な話だ）。

もう1つは**「邪魔を取り除くこと」**。

部下がビジネス的に優秀であればあるほど、上司は「直接できること」が少なくなる。というのも、優秀な部下ほど勝手に動いて、勝手に仕事をつくり、勝手にクロージングしてくるからだ。そのとき、我々ができることは何か？

まずもって、彼らの邪魔をしないことだ。そして邪魔を〝事前に〟取り除いておくことだ。

## オープネスを邪魔する3つの罠

そのときの取材から時が経ち、私は今「オープネス」についても同様の問題を考えている。それは、**「何がオープネスを邪魔するのか」**という問いだ。

そもそも組織論というのは、古今東西、散々語り尽くされてきた。世界的ベストセラーも数多くある。にもかかわらず、なぜ、すべての組織が偉大な企業になりえないのか？なぜ理屈通りに物事が進まないのだろうか？

オープネスの文脈で言うならば、人はオープネスが大事だということを理解しても、それが高まらないのはなぜか？　何が邪魔しているのか？

本章では、この問いについて考察していきたい。先に述べたように、すべての組織戦略は、①そもそも現場の期待値がどのレベルかによって、大きく左右されることが前提としである。その上で、②ディテールでつまずくポイントがとても多い。仮にオープネスを高めようとしても、つまずくポイントが山ほどある。

結論から言うと、オープネスを邪魔する罠は次の3つである。

**①ダブルバインド**
**②トーション・オブ・ストラテジー（戦略のねじれ）**
**③オーバーサクセスシェア**

あなたが自分の会社、チームで「オープネスを高めよう！」と思ったときに、構造的に発生しやすい罠があるのだ。次項からそれぞれを詳しく見ていこう。

## 図30　オープネスを邪魔する3つの罠がある

①ダブルバインド

②トーション・オブ・ストラテジー

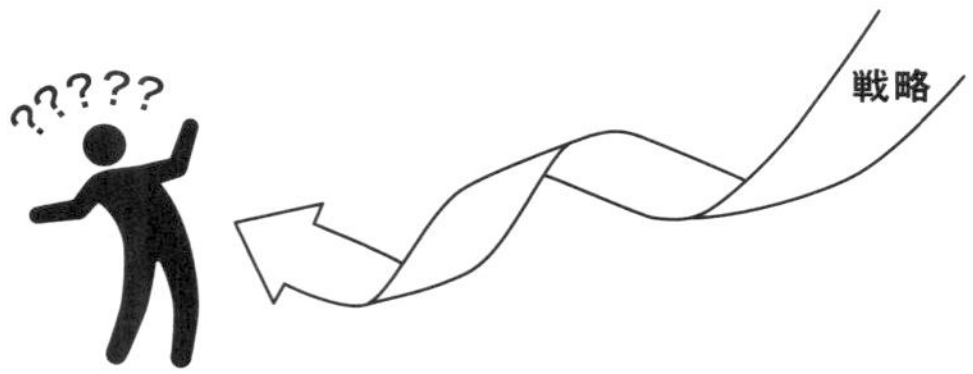


③オーバーサクセスシェア

オープネスを阻む罠①

# 「言行不一致」が人の心を蝕むダブルバインド

1つめは、組織の「ダブルバインド」と呼ばれるものである。

ダブルバインド……？（また横文字だ！）

ダブルバインドとは、直訳すると「二重拘束」。人間が相手から異なる2つの命令をされ、それらの間で心に葛藤や矛盾を抱えることによって、自由な意思決定ができない状態になってしまうことを指す。

ダブルバインドは通常、家庭内コミュニケーションの場面で使われることが多い。たとえば、親が子どもに「おいで」と（言語的に）言っておきながら、いざ子どもが近寄ってくると逆にドンと突き飛ばしてしまう。子どもからすると、呼びかけを無視すると怒られ、近寄っていっても拒絶される。子どもは次第にその矛盾から逃げられなくなり、疑心暗鬼になる。結果として、家庭外に出てもそのような世界であると認識し、他人に対しても同じように接してしまうようになる。

ビジネスフィールドでも往々にして、これと同じ現象が発生している。言い換えれば、「言語的に上司が言っていることと、非言語的に上司が言っていること」が違うケースだ。みなさんも一度は、こういう経験はないだろうか？（きっとある！）

・上司から「自由に意見を言っていいよ」と言われるが、実際に自由な意見を言うと、まったく歓迎されない
・社長は「人が大事です」と言いながら、実際にそういう施策を提案されると即却下する

これらはすべて、「組織のダブルバインド」と呼ばれるものだ。

## 「なんでも相談して」は要注意

なぜ、ここで「ダブルバインド」の話をしたかというと、**オープネスを高めることは、「言うは易し、行うは難し」**だからだ。それぐらいダブルバインドは蔓延している。

典型的な例は、言葉上は「若手を尊重する組織への移行」と言いながら、実際にはまったく権限委譲が行われないケース。あるいは、上司が「自由にやってほしい」と口では言いながらも、何かあると強烈なマイクロマネジメントを行うといったケースがわかりやすい。このとき、組織はダブルバインドの状態に陥っている。

もっと小さいケースでは、「なんでも相談して」「質問はいつでも受け付けるよ」とリーダーが言いながら、実際には忙しくしており、メンバーが相談できないといった場合なども多い。

これらの場合、組織のほぼすべてが「ダブルバインド」の状態に陥っていることが多い。メンバーはその組織内において、精神疾患に似たような状態に陥る。従業員に次のような傾向が見られたら要注意だ。

**【的外れな応答】**

他人の質問に対し、的外れな答えを返すことがある。周囲の人間から、話をよく聞いていない人物と見なされることがある。

**【話せない状況】**

思考に割り込まれると神経過敏やうつ状態になり、考えが押し潰されて、まとまらない話になってしまう。思考が潰れることで今までやってきたことは何だったのかという自己喪失に陥る。

**【集中力の喪失】**

きわめて簡単な業務に集中することが困難となる。

本来、ある程度の訓練を受け、適正な教育を受けてきたほとんどの人は、適切な状態をつくれば、パフォーマンスを出すことができる。

だが、一度このダブルバインドに陥ると、**「本来の能力を発揮できない→成果が出ない→ダブルバインドが加速する→本来の能力を発揮できない」**という悪いスパイラルに入ることが多い。

したがって、チームや組織にこれらの傾向が1つでも見られた場合、組織のオープネスが低いと認識したほうがいい。

## ダブルバインドには「悪意がない」

ダブルバインドの難しいところは、「意図せぬ形」で起きることにある。**ダブルバインドを起こしている側に悪意がない**のだ。

たとえば「なんでも相談してほしい」と言いながら、忙しくしている上司の場合、本当に「なんでも相談してほしい」と思っているが、単純に物理的に時間が取れないだけのケースも多い。つまり、悪意なくダブルバインドが起きているのだ。

あるいは、言葉の裏側に「隠れている前提」があるケースも存在する。たとえば、次のような場合だ。

「(きちんと自分なりに調べてきて、それでもわからないときは)なんでも相談してほしい」

「(日中は忙しくてすぐには答えられないけれど、夕方以降は空いているので、その時間であれば)なんでも相談してほしい」

上司からすると、別に悪意があってやっているわけではなく、単純にその言葉の前提が隠されているだけなのである。

意図せぬ形でダブルバインドが起きている場合は、リーダーが「空気や相手の気持ちを理解する能力」が弱いケースもある。もし自分自身やリーダーが「そうかもしれない」と思った場合、本章を読んでもらい、該当しないかを話し合ったほうがいいと思われる（反対に、あなたの上司が悪意をもってダブルバインドを行っているなら、その組織からは一刻も早く抜け出したほうがいい。最悪の職場だからだ）。

## 前職で優秀だった人が転職先でつまずくワケ

一般的に、言語的な文脈を理解する能力と、非言語的な文脈を理解する能力は似て非なるものだ。たとえば、「明示された目標に対してはものすごくコミットするが、明示されていない目標（たとえばチームへの貢献、社風改善）に関してコミットしない社員」というのは、意外にも本人の意思の問題ではないことも多い。どちらかというと「文脈を知っているかどうか」の問題であることが大半だ。

つまり、「言わなくてもわかるだろう」と思う場合のほとんどは、単純に**「育ってきた背景が違うので、どう頑張っても理解できない」**ものなのだ。「言わなくてもわかる」というのは、「言わなくてもわかる人にしかわからない」ということだ。その意味で、再現性が著しく低い。

たとえば、前職で十分に成果を出していた人が、転職先でつまずくケースのほとんどは、次の2つのうち、どちらかが多い。

1つは「前の会社では、文脈をよく知っていたから活躍できた」。もう1つは「今の会社では、言語化されていない〝独特の文脈〟が多すぎるため、彼ら（非言語理解能力が低い人）には、何がダメで、何がいいのかがわからない」のだ。

こういうときに有効な施策は、次のようなものが代表的と言われている。要は、いかにして**「短期的に、わかりやすい成果が出る環境をつくってあげられるか」**が重要なのだ。

**①転職者たちの入社のタイミングを合わせることで、横のつながりをつくる**

**②同部署のエース社員が行っている「To Doリスト」を人事部が作成し、早い段階で共有する**

オープネスを阻む罠②

# トーション・オブ・ストラテジー
# 「戦略わかったふりおじさん」が組織を壊す

「だからさぁ、あれは、こういう意図なんだよ。わかる？」

組織の「オープネス」を邪魔する2つめは、「トーション・オブ・ストラテジー（戦略のねじれ）」と呼ばれるものだ。

より具体的には「トップから伝えられた戦略・事実がレポートラインにのっとって報告されるうちに、少しずつねじれ、本来の意図とはまったく違う形で現場に下りてくること」を指す。

伝言ゲームを想像すればわかりやすい。伝言ゲームでは、きわめて簡単な1フレーズすら、人を通していくうちに、次第にねじれていき、最初と最後ではまったく違う形で伝

## 図31 「戦略わかったふりおじさん」が、戦略を誤って伝える

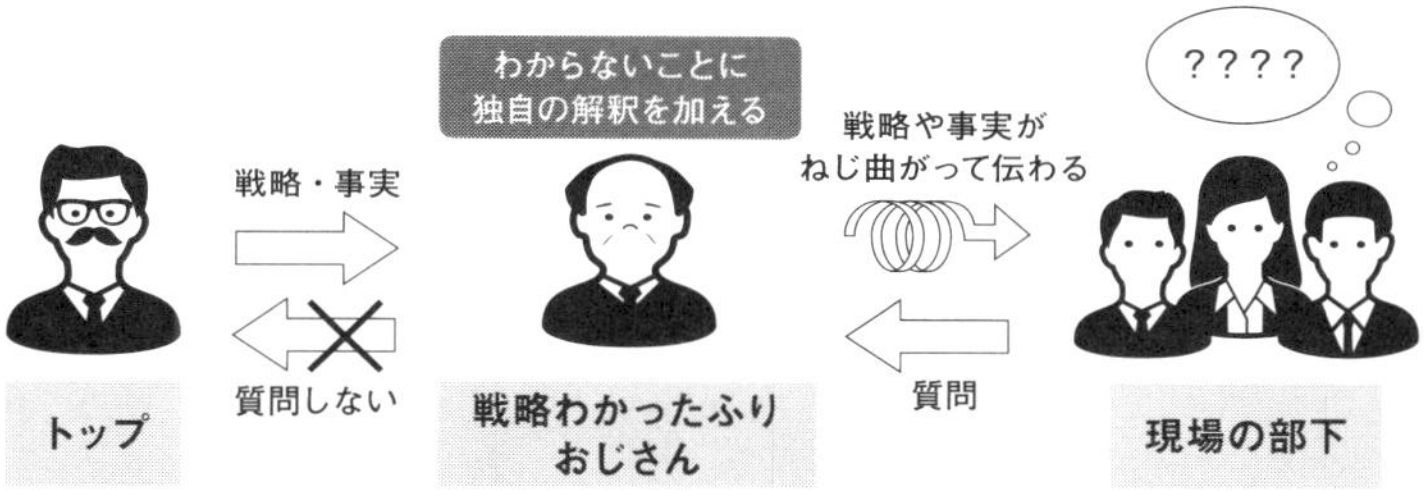


わっていくことが多い。人間のコミュニケーションは本質的には同じであるため、これが組織でも起きる。

トーション・オブ・ストラテジーの根深いところは、**大きな組織になると、必ずと言っていいほど、「戦略わかったふりおじさん」（もちろん女性のこともある）が現れる**ことにある。

戦略わかったふりおじさんとは、メンバーからの質問に対して、よくわかっていないにもかかわらず、**「自分の解釈を加えて解説しようとする人」**を指す（私もこの呼び方自体はある企業から教えてもらった）。

彼らの多くは自分が優秀であることや、自分が知識豊富であることに高いプライド

をもっている。そのため、本当はその時点ではわからないことがあっても、自分の解釈を加えて答えようとする。このとき、戦略や事実は大きくねじれて伝わるのだ。

## 一方的なコミュニケーションが「戦略のねじれ」を生む

戦略わかったふりおじさんの問題は、彼らの存在を、「社長や上司」が百パーセント事前に認知するのは難しいことにある。

なぜなら、彼らのコミュニケーションの多くは一方的なものだからである。つまり、**「上司→部下」のコミュニケーションは行うが、反対に「部下→上司」のコミュニケーションは行わない**からだ。

たとえば、戦略わかったふりおじさんは、現場から上がってきた質問を上にあげる、という行為はほとんどしない。その結果、現場からの評価を見てみると、「経営陣が思っていた評価と、まったく違う評価」が出てくるケースも多い。具体的には、上からの評価は高いが、下からの評価が低くなりえる。

トーション・オブ・ストラテジーの問題点は、組織のオープネスを構造的に下げ続けてしまうことにある。なぜなら、現場のメンバーからすると、伝言ゲームでゆがめられた情報が常に伝わっているため、経営陣が言うことと現場で見聞きすることに、必ずズレが生じるからだ。だが、その間にいる戦略わかったふりおじさんは「解釈を入れること」に自分の価値を見出すため、ズレが修正されないまま放置されてしまうのだ。

結果的に、現場のメンバーは、「経営陣は嘘をついている」「情報がオープンになっていない」と感じてしまう傾向にある。これは残念ながら、「戦略わかったふりおじさん」がいる限り、一向に改善することはない。

## 戦略のねじれを解消する2つの対策

では、どうすればいいか。対策は2つある。

1つめは、**「経営陣と現場メンバーとの直接のコミュニケーションを増やすこと」**だろう。数字や目標など「誰がどう解釈しても同じ情報」はレポートラインにのっとって情報を伝達させる。一方で、解釈が発生しえる余地のある情報（ビジョンなど）は、直接のコミュニケーションを行う必要が生じる。現場の声を直接、実名で吸い上げる機会をもつなども有効だろう。ねじれは、どうしても伝言ゲームのように人をまたげばまたぐほど発生してしまうからだ。

2つめは**「時間差をなくすこと」**である。

戦略というのは通常、超長期の視点と超短期の視点の組み合わせでできていることが多い。超長期とは、5年、10年や30年、100年レベルの時代の変化を読みながら、戦う方向性を決める話を指す。ビジョンのようなものが近い。

一方で、現実には「超短期」の戦術レベルの話を従業員と密に共有できるかもきわめて重要になる。ビジネスはリアルタイムで動いていくため、現実的には、事業を取り巻く環境は1週間単位で変わっていくことも多い。

たとえば、「事業提携の可能性が急に出てきた」「超大型の案件を受注した（失注した）」「すばらしい新規事業のアイデアが生まれた」「経営クラスのメンバーに退職の可能性が出てきた」「地震や火災などの災害が勃発した」「コンプライアンス違反や重大な問題が発生した」など。リアルタイムで事業環境は動いていく。経営陣ができるのは、このリアルタイムの情報を従業員に伝えるタイムラグを減らすことしかない。

こうして時間差をなくすことで、戦略の後戻りを防げるので、トーション・オブ・ストラテジーの問題は解決できるのだ。

## オープネスを阻む罠③

# オーバーサクセスシェア

## リーダーは失敗例こそシェアせよ

「いずれChief ○○ Officer（最高○○責任者）のポジションを担ってもらう人材を採用するには、何が有効だと思いますか？」

これは、私があるイベントで講演をしていたときに聞かれた質問だ。私はすかさずこう答えた。「〝困ってます〟採用です」と。質問者が一瞬、ポカンとしていた。「こ、困ってます採用？　なんですかそれ？」という顔をしていた。

「困ってます採用」というのは、その名の通り、「自分や会社が困っていること」を赤裸々に候補者に対して説明することである。たとえば、「今、我が社はAということがしたいんだけど、それができずに困っています」「昨年から今年にかけて、Bという重大な問題が発生して本当に困りました」などといったことを話すのだ。

## 優秀な人は難しいチャレンジほど燃える

経験上、この採用方法は優秀な人であればあるほど有効だ。たとえば、将来の幹部候補など、能力と意思の双方がある人に対しては効果的であることが多い。その理由はシンプルで、２つある。

１つは**「この人は本当のことを話してくれているな」という安心感が生まれる**から。もう１つは、**優秀な人であればあるほど、難しい課題に前向きになる**からである。

往々にしてきわめて優秀な幹部候補の人というのは、「自分にしかできないような難しい挑戦」と「それに見合った報酬」をきちんとバランスして考えることができる。その意味で、「これは難しい挑戦ですよ、私たちは正直いって困っていますよ」と伝えるのは、彼らの志向に合うわけだ。

スポーツでたとえるなら、楽天球団ができたときに、田中将大《まさひろ》選手が入団したケースをイメージするとわかりやすい。いずれ、その組織のリーダーとなるような人というのは「難しいチャレンジのほうが燃える」のだ。

「困ったこと＝弱点や失敗のシェア」は、もう1つ、組織にあきらかなプラスをもたらす。それは、組織のオープネスを高めるということだ。

オープネスの高い組織と低い組織を見極めるには、**その組織でどれだけ失敗の情報や、経営者の失敗談、かっこ悪いところが知られているかがポイントになることが多い。**よく知られているように、天下のアマゾンですら、数多くの失敗をしてきており、それは包み隠されていない。

## 過度な成功事例の共有はオープネスを下げる

反対に、組織がオープネスを高める上でマイナスなのは、「成功の情報だけ」をたくさんシェアしてしまうことである。たとえば、組織やチームがオープネスを高めるとき、最初にやるのは「成功事例シェア」や「情報公開」であることが多い。これらは組織の第一歩として正しいアクションではあるが、一方で**「サクセスシェア（成功事例の共有）」を過度にしすぎると、組織のオープネスは反対に下がってしまう**（次ページ図32参照）。

**図32 オープネスと「成功事例シェア」の関係**

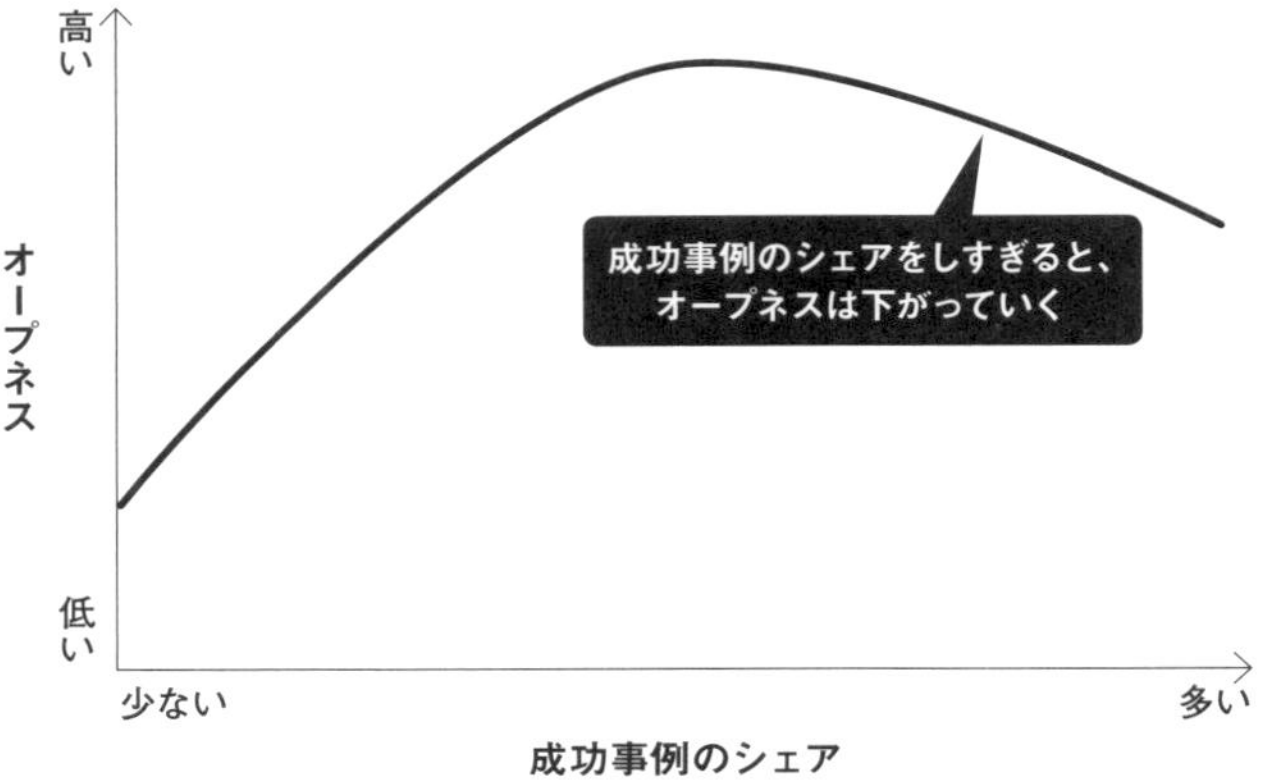


事業を行っていれば必ず「失敗」も起きるし、「負けること」もありえる。だが、この失敗や負けをシェアせずに、あまりに成功事例のシェアだけを行うと、「成功＝絶対善」となり、失敗が決して許されない組織風土が形成されてしまう。東芝の不正会計事件を思い出すとわかりやすいが、その結果、不正の温床にもなりえるし、簡単に言うと、「息が詰まってしまう」のだ。

## 経営陣の失敗を積極的にシェアする

では、どうすればいいのか。

最も効果的で、そしてドラスティックに成果が出るのは、**社長やリーダーが自分たちの、そして組織の失敗をどんどん開示す**

**ることだ**。企業や事業には、必ず失敗や間違いが存在している。それを定期的に公開し、シェアすることで、組織のオープネスは高まる傾向にある。

つまり、成功事例のシェアと、失敗事例のシェアでは目的が異なる。成功事例のシェアの目的は、①成功した理由を横展開し、事業効率を高めて、②メンバーのモチベーションを上げることにある。一方、**失敗事例のシェアの目的は、組織のオープネスを適切に保つことにある**。

# 経営開放性を高める

## ――失敗への対応、経営者をやっている理由を伝える

ここまで、オープネスを邪魔する3つの罠とその取り除き方を説明してきた。これらを踏まえて、経営者やリーダーは具体的な施策を行っていくわけだが、何から手をつければいいのか。

まず、経営開放性から見てみよう。経営開放性が高い企業では、次のようなクチコミが散見される。

- 経営陣が魅力的。ビジョンやミッションがブレないので共感できるし、やりがい、モチベーションを維持しやすい
- 社長自らコミットしている通り、どんな苦境に陥ろうと這い上がろうとする姿勢があり、それを成し遂げられる力がある

・成果や失敗など、何ごともフラットに判断されるし、透明性がある
・ミッションに共感できるし、ベースのモチベーションが非常に高い。何か問題があれば、放置せず、オープンな対話によって解決することが徹底されている

では、経営者やリーダーは何をオープンにすべきなのか？

それは次の2点だ。

**①失敗が起きたときにどのような解決策をとるのか。自らの失敗を開示できるか**
**②なぜ経営者をやっているのか**

これは多くの人にとって、納得感のある話ではないだろうか。

まず1つめの「失敗が起きたときの解決策」は、まさに一般社員がリーダーに求める「有事」のリーダーシップであり、「失敗に対する反応」である。

どんな成長企業にも、必ず失敗は存在している。すべての施策がことごとく成功する、ということはありえない。そこで重要なのは、新しい挑戦を精度の高い戦略をもってやり続けることしかない。そのために、企業文化を体現するトップが、その失敗に対してどうい

う対応をするのかを見て、従業員は挑戦するか、しないかを決める。こういう構造だろう。ある航空会社では「安全に関わる行為で気になることはすべて言ってくれ。もし勘違いだったとしても、ミスを一切とがめない」と経営陣が宣言しているという。たとえば「ネジを締め忘れた気がするので飛行機を止めてください」と整備士が報告したとしよう。結果、それが勘違いで飛行機が遅延しても、批難されないのだそうだ。こういうケースがわかりやすいだろう。

経営者やリーダーが「自らの失敗をオープンにできるか」は、メンバーの「自己開示性」に強い影響を与える。どれだけ、経営者やリーダーが口では「失敗を許す」と言っても、メンバーのほとんどは「とはいえ、本当に失敗したら許されないだろう」と思う。当たり前の話だ。したがって、これを最もわかりやすく解決する方法は、**リーダー自身の過去の失敗を、メンバーと共有すること**である。

## 「なぜ経営者をやっているのか」をしっかり伝える

2つめは、「なぜ経営者をやっているのか」を示すことだ。これも言われてみれば当然の話だ。**強い組織にはゴールデンサークルと呼ばれる、3つの円がある**と言われる(図33参照)。

## 図33 強い組織にはゴールデンサークルがある

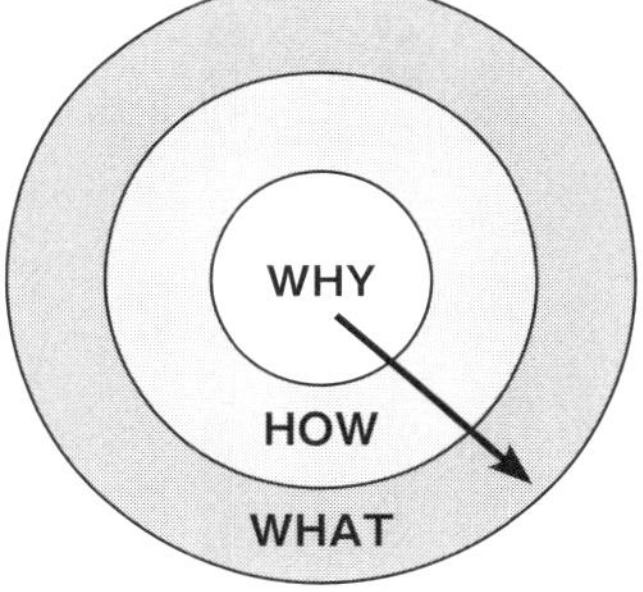


**この順番で伝える!**

**WHY**:なぜ、何のためにやっているか?
↓
**HOW**:どうやって実現するのか?
↓
**WHAT**:具体的にどんな活動をするのか?

**社長は「なぜ経営者をやっているのか」を伝えることが大事**

「なぜ社長をやっているのか」は、まさに「WHY」にあたる。とくにサラリーマン経営者の場合、社内のメンバーからすると、「なぜ経営者をやっているのか」が見えづらいケースが多い。創業社長と比較して、創業物語が世の中にあふれているわけでもないし、堅実だが、強烈なエピソードをもたない経営者も多い。

そうすると、一緒に働いたことがある社員は、経営陣の「WHY」を理解していても、それ以外の社員は理解していないケースも多い。その場合、彼らは「なぜ出世して経営者になったのか」という形式的な理由は理解できるが、本質的な理由である「なぜ経営者をやっているのか」は見えづらい。だからこそ、しっかり伝える必要があるのだ。

ただ、この際に大事なのは、「壮大なビジョンを語ること」ではないし、あるいは、アップルのスティーブ・ジョブズのように、事業の話を誰もが魅了されるようなストーリーに乗せて伝えることでもない。

実際に、私自身が数多くのトップランナーや経営者と対談してきたからこそ感じるが、明確に「従業員を大切にするために、経営者をやっている」と語る経営者もいれば、反対に「口では壮大なビジョンを語っていても、実態が追いついていないケース」も存在している。当然だが、口だけではわからない。

以前、エンジニア出身の技術畑の経営者と話した際、それを実感することがあった。最初の30分は、無愛想で印象が悪く、かつてないほど口も悪かった。私は最初、「この人の下に本当に人がついてくるのだろうか?」と思った。だが、粘り強く彼の話を深掘りし、聞いていくと、彼の目指しているビジョンや世界観は、自身の原体験に基づいていることがわかった。そして、心の底からそのビジョンを信じ、突き進んでいることが伝わってきた。そして彼のまわりにいる人たちも、その世界を深く信じていたのだ。

重要なのは、(当たり前だが)**「なぜ経営者をやっているのか」**を、**行動で体現しているること**だろう。

# 情報開放性を高める

## ――印象性、アクセス性、質疑性を高める

オープネスを高める上で重要な2つめの要素は、「情報開放性」だ。

情報開放性を高めることは、3つの開放性の中でも最も「言うは易し、行うは難し」の行為かもしれない。というのも、情報開放性を高めるには、言語より非言語、つまりは施策（WHAT）に加えて、その施策のやり方（HOW）も同様に重要だからだ。神は細部に宿る、というイメージだろうか。

具体的に言うと、情報開放性を高めるには3つの方向性がある。

### ①印象性を高める

戦略に対して、わかりやすく〝**印象に残る形で**〟伝わっていると思えること

**②アクセス性を高める**

アクセスしたい情報が、〝**大きな労力なく**〟手に入れられること

**③質疑性を高める**

上司や他の部署に対する質疑が〝**公開された場**〟で行えること

情報開放性を高めるのが難しい理由は、太字になっている部分にある。たとえば、多くの組織では、戦略についての説明が定期的に行われることが多い。上場企業であれば、株主総会の場で、世の中全体にオープンになっているケースが大半だ。その意味では、当然、従業員であれば誰でもアクセス可能だ。

だが、それでも「情報の開放性が低い」と現場が思うことがあるのは、〝印象に残る形で〟伝わっていないからだ（というか、それしかない）。

戦略の説明は、「網羅的であること」が重要だと思われている面もあるが、それは事実ではない。それよりも重要なのは、**その戦略が「覚えやすい形」で「印象的であるかどうか」**だ。

事業戦略の中には、どう考えても現場のメンバーに言えない情報もある。そのため、経営の立場からすると、すべての戦略情報を事前にオープンにすることは厳しい。そして往々にして、現場のメンバーもそれを求めていないことが多い（大上段の戦略よりも目の前のタスクに追われているからだ！）。

その際、最も重要なのは、「群戦略」（資本投下した企業のブランドをあえて統一することなく、グループで進化し続けることを目指すソフトバンクグループの戦略）などのように「わかりやすいかどうか」「ひと言で言えるかどうか」なのだ。つまり、「印象性」こそが大事なのだ。

## 情報は「網羅的か」よりも「アクセスがしやすいか」が重要

次に重要なのは「アクセスのしやすさ」だ。

たとえば、実際に存在する、毎年2ケタ成長を遂げるあるスタートアップでは、従業員が望めば、インサイダー情報以外は、すべての情報を見ることができるという。社員や社長の給与ランクや、経営会議でのやりとり、ディスカッション内容などもすべてだ。「スラック」と呼ばれる社内チームコミュニケーションツール内のチャンネルで申請し、自分で見たいものは全部アクセスできるという。

この際も大事なのは、情報の網羅性ではない。それよりも大事なのは、〝大きな労力が必要ない〟ことである。人はわざわざ労力をかけてまで正確な情報を取りに行くほど、情報への意識が高くない。イメージしてもらえればわかるが、たとえば過去の資料などは、国立国会図書館に行けば、ほとんどが残っているが、そんなことをわざわざする人はほとんどいない。重要なのは「情報が網羅的か」よりも「アクセスがしやすいか」である。

そもそも、人々が実際にはSEOによって偏った情報が上位表示される世界最大のネット検索エンジンに対して、オープンである印象をもつのは、「アクセスのしやすさ」が圧倒的に高いからである。つまり、**「情報が網羅的で公正か」よりも「アクセスのしやすさ」で、人はそれがオープンであるかどうかを判断する傾向にある。**

## 「公開された場」で質疑応答を行う

最後は、「質疑性」だ。

ある一部上場のソフトウェア企業の社長から面白い話を聞いた。その企業は、どの企業よりも情報の透明化を進めていることで有名だったが、質疑応答に対して必ず守っているルールが2つあるという。

その1つが**「公開された場で質疑をすること」**、もう1つは**「現場に質問責任を求めること」**だというのだ。

「公開された場で質疑する」とは、いわゆる公開討論だ。たとえば誰かが質問する際、皆がいる場で質問することを推奨しているという。

当然、中には個人的な相談など、オープンにしたくない話もあるかもしれない。だが、それらのケースを除いて、ビジネスに直接関係あることであれば、すべて「公開された場」で質問することを推奨している。これによって、上司はその質問に答えざるをえなくなる。こういうことらしい。

もう1つ、この会社では、「現場に質問責任を求める」というルールも徹底されている。その企業は多国籍に事業を展開しているが、国が変われば、「そもそも何が知りたい情報なのか」「どんなことを求めているのか」はわかりづらくなる。その際、現場に言っているのが、「経営側に説明責任があるように、現場には質問責任がある」ということだ。質問責任とは、その名の通り、「知りたいことがあったら質問することは義務だ」という意味だ。実際、私もこの重要性はよくわかる。

経営陣からすると、仮に説明責任を果たし、できるだけ情報をオープンにしたいと思っていたとしても、人によってその情報への興味や必要性は大きく変わる。

たとえば、リーダー層に合わせて説明すると、現場のメンバーにとっては「難しく、詳細すぎる」ものになるし、反対に新入社員に合わせて説明すると、既存社員からは「もう知っているよ」との声が上がる。つまり、**説明責任と質問責任は2つで1つのセット**だというのだ。

これまで述べたように、組織には「トーション・オブ・ストラテジー（戦略のねじれ）」と呼ばれる問題がある。組織は大きくなればなるほど、情報の均一性はどうしても下がってくる。その際に大事なのは、「情報をオープンに伝えること」に加えて、そのやり方（HOW）の部分なのだ。

# 自己開示性を高める
## ——一人ひとりがもつ才能を仕事にクロスさせる

「まるで別会社のようですね」

その日、私はあるＩＴ企業のオフィスを訪れていた。フロアは２階に分かれ、下の階には営業部があった。男女が活気よく声を出していた。彼らは、いかにもパワフルな印象を与えるスーツ姿だった。肉食系とでも言えるだろうか。

一方で１つ上の階に上がると、様子が百八十度違った。開発・内勤のメンバーがいるフロアは、シーン……。打って変わって静かだった。一部では、お菓子を食べたり、談笑したりする人もいた。いかにも草食系という印象を受けた。

部署によって雰囲気がまったく異なる会社。

これは珍しい話ではない。たとえば、制作会社などのクリエイティブな組織と、営業の組織は雰囲気が全然違うし、メーカーでも「つくる組織」と「売る組織」では、「別会社か？」と思うほど求められる能力や雰囲気が違う。また、事業統合を何度か繰り返してきた企業である場合、出身の企業によって働き方も、社風もまったく異なることはよくある話だろう。

## 誰もが「3つの才能」をもっている

その中でオープネスを高めるメリットは、自己開示性を高め、一人ひとりの才能を活性化させることにある。

この「自己開示性」を高める上で難しいのは「一人ひとりがどのようなタレント（才能）をもっているのか」がわかっても、それを実際に事業貢献に結びつけるのは容易ではないことだ。つまり、**才能と仕事をクロスさせることこそが重要**になる。

仮に人事が「なんとなく、この人の才能がこの部署で活きそう」と思っていたとしても、これを共通の指標で語ることは難しいし、それを論理的に説明するのは簡単なことではない。しかも、「必要な能力」「必要な才能」というのは、どの単位で見るか、どのタイミングで見るかによって、刻一刻と変わってしまう。

自著『天才を殺す凡人』（日本経済新聞出版社）では、一人ひとりがもつタレントを「3つの才能」として定義した。具体的には、**個人の才能を3つの最大要素にまとめ、その3つはすべての人が強弱あれどもっているものだ**、と考えたのだ。これは一般的には**「タレントマネジメント論」**と呼ばれる。

**C（Creativity：創造性）＋R（Re-Productivity：再現性）＋Sy（Sympathy：共感性）**

『天才を殺す凡人』より

たとえば、新規事業をつくる際に最も必要な才能は、あきらかに「創造性」である一方で、事業が順調に滑り出し始め、スケール（拡大）させるには「再現性」（誰でも同じ成果を出せる状態をつくること）が必要になる。さらに企業が拡大していくと、組織は必ず居心地の良さといった「共感性」（心理的な同質性）を必要とする。

ただ難しいのは、この一貫した流れの中にも、超細かい変化が山ほどあるということだ。たとえば、企業が新サービスを商品化するとき、一時的には「創造性」が強く必要とされる。だが、発売が終わり、1カ月〜6カ月経つと、「創造性」のニーズは急激に下がり、むしろ言われた仕事をきちっとやること（再現性）のほうが必要とされ始める。

あるいは、これは個人単位で見ても同じだ。たとえば、Aさんと組んでいるときは、自分は「創造性」を発揮するが、Bさんと組んでいるときは「再現性優位になる」ということがありえる。つまり3つの才能がどれぐらい発揮されるのかは、次のような数式における「変数」なのだ。

S（Supply）＝i1 C ＋ i2 R ＋ i3 Sy　※i：状態などによって、大きく変わる

## 組織が大きくなるほど「創造性」の発揮は難しくなる

加えて、タレントマネジメント論を実務の場に適用するのが難しいのは、事業が大きくなればなるほど、「創造性が必要な割合」は必ず下がることに原因がある。言い換えれば、企業が大きくなればなるほど、どうしても「言われたことをきちんとやる人間」へのニーズが高くなってしまう。

これは少し考えれば当たり前の話で、事業がスケールするということは、その分だけ「誰がやっても同じ成果が出る状態」をつくり出さないといけない。このとき、社内に必要な「再現性」の量は大きくなる。たとえるなら、10万人の会社があったときに、全員が全員ア

イデアマンであることは、構造的に起こりえないのだ（そんな会社は潰れてしまう！）。

現にあれだけ、世の中ではクリエイティブな組織だと〝思われている〟グーグルですら、その実態は「誰がやっても同じような仕事を、いかに気持ちよくこなしてもらうか」にあらゆる工夫が凝らされている。実はここにこそ、グーグルの強さの源泉がある（だからこそ、たった1人の優れたアイデアマンでもある創業社長が先頭に立ち、新規事業をつくり続ける組織が存在し続けられるのだ）。

S（Supply）　＝i1 C ＋ i2 R ＋ i3 Sy
D（Demand）＝x1 C ＋ x2 R ＋ x3 Sy

※S：従業員側が発揮したい才能の量
　D：経営側が必要とする才能の量

言い換えれば、組織はスケールを目指す限り、**本来人間がもっているC（Creativity）をどうしても殺さざるをえない状態に陥る**のだ。これこそが、大企業で働くすべての人が本質的に職場で自分の個性を殺さざるをえない原因になる。

したがって、すべての社員が「創造性を発揮して、かつ儲ける組織」というのは、小さなスケールにおいてはありえるが、大きくなればなるほど、その難易度は飛躍的に高くなる。

加えて、私自身が作家としても活動しているからこそ感じるが、「創造性をメインにしてお金を稼ぐこと」というのは、それほど幸せなことばかりではない。むしろ、とてつもなく長いトンネルの中で1人でもがき、戦い続けるようなものであり、苦痛も伴う。

現実的には、ある程度創造性を犠牲にしながらも、再現性を高めていかなければ、社員が求める給与を払うことは難しい。その折衷案を見つけるしかないのだ。

言い換えれば、タレントマネジメント論が本質的に解かなければならないのは、**「ある程度、人々の創造性を犠牲にしながらも、それでも人々がイキイキと、かつ生産性高く働ける環境をどうつくるのか」**という問いである。

## 「働きがいのある会社」をつくる3つの視点

では、どうすればいいのか？　すべての人が「創造性」をのびのび発揮し、それでいてすべての人が経済的に豊かになるのは、現実的には厳しいとしたら、その中でもどのように「働きがいのある会社」を目指していけばいいのか。

ここまでの話を踏まえると、次の3つがすべて並存する環境をつくり出すためにはどうすればいいのか、を考える必要がある。

**①創造性を発揮しやすい環境**
**②再現性を発揮しやすい環境**
**③共感性を発揮しやすい環境**

これは経営者だけの問題ではなく、リーダーやマネジャー、すべての働く人が本来的には意識しなければならない論点である。なぜなら、①組織は経営者だけが一方的につくれるものではないし、②どんなチーム・組織単位でもこの数式（i1 C ＋ i2 R ＋ i3 Sy）は成り立つからだ。より具体的に考えるべき視点は3つある。

**①誰がやっても同じ業務を、いかにして気持ちよくやってもらうか？**
**②再現性の高い、プロセス業務を改善し続けるための習慣が設計されているか？**
**③最も付加価値の高い「つくる仕事をやる人物」に適切な報酬と裁量を与えているか？**

たとえば、小売店の仕事は、本来であれば「誰がやっても同じ業務」がどうしても発生してしまう。そのため、経営者やリーダーは従業員のモチベーションを高く維持することが難しい。一方で数多くある小売店の中でも、スターバックスやファーストリテイリング

（ユニクロ）といった企業が連続的に成長できているのは、「創造性が高い人に気持ちよく働いてもらう仕組みがあるから」ではなく、むしろ**「誰がやっても同じ業務を楽しくする組織風土」と「プロセス業務を改善するための取り組み」を導入しているから**である。

また、多くの日系メーカーが韓国企業に連続的に負けた中でも、トヨタが生き残り、業界のリーダーとして君臨し続けられたのは、いわずもがな「再現性の高い、プロセス業務を改善し続けるための習慣が設計されていること」が一因だったのは間違いない。つまり、3つの論点、そのすべてが重要だということに違いない。

## 「すべての人に才能を発揮させる」にはどうするか？

「すべての人の才能を開花させたい」という願いは、現実的には事業が大きくなればなるほど難しい問題になる。すべての人が創造性を最大化させると、組織にとって必要な量を大きく超えてしまい、反対に「再現性」や「共感性」が足りなくなってしまう。そのため、経営者やリーダーが考えるのは現実的な折衷点になる。

具体的には、先述した通り次の観点を考える必要がある。

・Aさんを見たとき、正直、誰がやっても同じ業務を任せていたとしても、それをいかにして気持ちよくやってもらうかを考慮しているか？
・チーム全体で見たとき、クリエイティブな仕事ではない、再現性の高い、プロセス業務を改善し続けるための習慣が設計されているか？
・エース社員を見たとき、最も付加価値の高い「つくる仕事をやる人物」に適切な報酬と、裁量を与えているか？

リーダーでも、組織のメンバー一人ひとりを見る作業が好きな人と嫌いな人に分かれる。事業には興味があっても、人に興味がないリーダーというのは数多くいる。とくに職人肌の人間はそういう傾向にある。だが、そういうリーダーや経営者は、往々にして監督する組織規模が拡大するにつれてつまずきがちだ。

たとえば、社長、事業部長やリーダー自体は適切な報酬と裁量が与えられて満足度が高いが、その下につくメンバーはそうではないケースがある。メンバーに求められているのは「再現可能な業務」であり、その業務の働きがいを改善することに対して組織の側が無頓着なのだ。

# リーダーができる「オープネスを高めるアクション12選」

「チーム全体でオープネスを高めたい」

リーダーがそう思ったとき、どういう行動が取れるだろうか。ここまでは、最上段の戦略としてオープネスを高めるための方向性について述べたが、ここでは明日からでもできる代表的な12のアクションを紹介したい。

## 【経営開放性を高めるアクション】

①チームで何を成し遂げたいか、ビジョンを伝え続ける
→一貫して伝え続けることで、経営陣に対して、あの人は「こういう思考だ」ということを正しく理解してもらう

②3年単位、1年単位、3カ月単位で組織、チームが何に注力していくかを発信する
→長期的な視点も踏まえた、短期の重点施策を伝えることで、目の前のミッションへの納得感と理解度を高める

③組織が現状もっている課題を隠さず、一緒に解決していく姿勢を取る
→組織的課題や現状をリーダーが自ら直接伝える場をもつことで、不要な戦略のねじれ（トーション・オブ・ストラテジー）を防ぐ

④リーダー自らの過去の大きな失敗やミスをメンバーにオープンにする
→リーダーが自ら失敗を率先して開示することで、チーム全体の心理的安全性を高め、組織の〝オーバーサクセスシェア〟を防ぐ

## 【情報開放性を高めるアクション】

⑤普段どんな人と出会い、どんな話をしているかを積極的に共有する
→重要な話をこちらから率先して共有することで、現場が〝大きな苦労なく〟情報を得られるようにする（＝ア

クセス性を高める）

⑥失敗が起きたときに、個人ではなく仕組みの改善を検討する

↓失敗の要因を個人に起因させずに分析することで、マネジャーの思い込みによって生じる戦略のねじれを防ぐ

⑦自身の経験だけではなく、ケースを整理した上で議論を分ける

↓情報を整理した状態で議論することで、情報への正確な理解とアクセス性を高める

⑧1on1とオープンな場所で質疑応答できる機会を両方つくる

↓情報の質疑性を高め、何か疑問を感じたときに、現場がすぐに本音を話してくれる状態をつくっておく

## 【自己開示性を高めるアクション】

⑨チームの成功を自身の成功よりも喜ぶ

↓メンバーの存在がチームにとって必要であると認識させ、他のメンバーに対しても協力的な態度をとる文化を醸成する

⑩人柄や性格の多様性を歓迎する

↓他者とは違う才能をもつ者や、独創的な考えやアイデアを歓迎し、チーム全体での創造性のレベルを底上げする

⑪立場の壁をつくらず、フラットなコミュニケーションがしやすい雰囲気をつくる

↓発言者の肩書きや年次、性別、国籍などに関係なく、個人が能力を最大限に発揮しやすい環境を整える

⑫メンバーのモチベーションの源泉を知る努力をする

↓ハード面ではなく、ソフト面で最も効果的な報酬を理解することで、投資対効果が高い状態で生産効率を高め、不要な離職を防ぐ

## 第3章であきらかになった「オープネス」の正体

- 「いつでも相談して」と言いながら忙しいリーダーのいる会社はオープネスが低い
- 中間管理職は、トップの戦略をメンバーにねじまげて伝えてしまいがち
- リーダーが「成功体験ばかり」シェアすると、皆がミスを隠すようになる
- リーダーの真価は「失敗が起こったときどう対応するか」ではかれる
- 社内の情報は「網羅的」であることよりも「すぐにアクセスできること」が重要
- 成功する企業は「誰がやっても同じ業務を、いかに気持ちよくやってもらうか」に長けている

# 第4章

# オープネスをどう使うか

# ウサギの生存戦略に学べ

「ウサギって、不思議だよなぁ」

私はその日、家でゴロゴロしながら、あるテーマについて考えていた。そのテーマとは「動物の生存戦略」についてだった。中でも、とくに「ウサギの生存戦略」が気になっていた。具体的には「ウサギってなんで生き残ってこられたのだろうか？」ということだった。

私は普段からよく生物界のことを妄想し、そのアナロジー（類推）を使って、ビジネスの世界を理解しようとするクセがある。そして、たまたまその時期は「動物の生存戦略」についてよく考えていた。具体的には、「それぞれの動物たちがどうやって生き残ってきたか」を考察しようとしていたのだ（動機は単純な知的好奇心だ！）。

言わずもがなだが、現代社会はものすごい勢いで生物の種が消えていると言われている。ある説によると、1年で数千から数万種がなくなっているとの数字もある。その中で「生き残っている種」には、それなりの理由があり、いくつかのパターンがあるように思えたのだ。つまり、動物の「生存戦略」が知りたかったのだ！

## パンダの生き残り戦略は「かわいい」

すべての生存戦略のパターンを紹介することは本旨からずれるので、2つだけ紹介しよう。

1つは、**「とにかく人間の役に立つパターン」**というのがある。これは、ウマやヒツジ、ウシなどを想像すればわかりやすいが、彼らはとにかく人間の役に立つ能力がある。ウマはモノや人を運び、ヒツジやウシは食料になった。つまり彼らは、人間という強い種の役に立つことで生き残ってきた。

もう1つ、**「かわいいから生き残っているパターン」**というのもある。これはパンダやネコが最もわかりやすい。

パンダがなぜ、絶滅を危惧されながら種としてギリギリ残っているかというと、「（人間から見て）圧倒的にかわいい」からだ。彼らは正直、食事の効率がめちゃくちゃ悪いし、大して役には立たない（パンダよ、ごめん！）。それでも生き残れるのは、人間という強い種にかわいがられ、保護され、結果、外交や観光に使われているからだろう。つまり、端的に言うと「めちゃくちゃかわいいから生き残っている」のだ。

これは、実はビジネスの世界でも同じである。たとえば、大きな会社で出世していく人というのは大体、ウマかパンダに分類できる。つまり「めちゃくちゃ役に立つ人」か、「偉い人にすごくかわいがられる人」であることが多いのだ。みなさんの会社でもそうではないだろうか？

このように、動物界の戦略論は、ビジネスの世界でも参考になる点がたくさんある。その中でも私が当時、とても「面白い存在だなぁ」と思っていたのは、圧倒的にウサギだったのだ。

## 「危険察知能力」が組織の生存確率を高める

ウサギというのは体が弱く、視力もとても悪いと言われている。絶食状態で耐えられる期間もきわめて短い（らしい）。一時期、日本ではウサギブームはあったものの、ネコやイヌの人気とは次元が違う。

では、なぜウサギは生存することができたのか？（不思議だ！）

調べれば調べるほど、実は生殖機能が高いなど、その理由はいくつもある。その中でも身体的な特徴として挙げられるのが、「耳と鼻がいいこと」だ。ウサギは、視力が弱い分、耳と鼻がよく、危険を事前に察知することができたのだ。

つまり、ウサギの生存戦略とは「異常なまでの危険察知能力の高さ」であり、結果的に、やばい敵と戦わない戦略を取れるのだ。

この「危険察知能力」というのは、ビジネスの世界でも役に立つことが多い。とくに生き残りをかけた戦いが始まる際には、むしろ**「強いこと」よりも、繊細で「弱いこと」のほうが生存確率を高める**ことがある。そして、これは組織戦略でも同じだ。

みなさんのまわりを見回してもらえればわかると思うが、組織に関するセンスが優れている人、チームビルディングがうまい人、勘所がいい人というのは、実は「危険察知能力」がきわめて高いことが多い。

彼らはウサギと同様に、職場の空気の変化や、人間の感情変化を素早く察知できる。先手先手で施策を打つことができる。致命的なダメージを回避することができる。
そして、ビジネスでもスポーツでも賭けごとでも同じだが、人生が長く続けば続くほど、**「勝ち続けること」よりも、「致命的に負けないこと」のほうが重要**になっていく。その意味で「危険察知能力」というのは超重要な力なのだ。

ただ、「危険察知能力」というのは、天性や生まれ育った環境によるところがやや大きく、再現性は高くない。

では、これを組織の力に落とし込むには、どうすればいいのか？

実はそのヒントが、オープネスにある。というのも、**オープネスは「組織のカナリア」としての役割を果たす**からだ。

組織のカナリア？　どういうことだろうか？

# オープネスは「組織のカナリア」

「炭坑のカナリア」という言葉がある。これは「最初の変化を示す、警笛の比喩」として使われる。炭坑で働く人々が危機を早めに察知するために、カナリアを使っていたことに由来している。

炭坑には、さまざまな危険がある。その1つが、一酸化炭素などの有毒ガスであり、これらは知らない間に充満し、気がついたときにはすでに遅く、身動きがとれず人々が死に至るということがあった。カナリアは人間よりガスに敏感なため、微量のガスに反応して鳴かなくなる。そのため、炭坑で働く人々は、坑道にカナリアを入れたカゴをもっていき、未然に危機を察知したという。

つまり、カナリアとは「変化を示す、警笛の比喩」なのだ（カナリアはウサギと同じ危険察知能力をもっているのだ）。

## 組織の悪化は「オープネスの変化」が教えてくれる

カナリアと同様に、オープネスは、組織の危機を察知するために利用することができる。つまり、**組織が変化するとき、最初に起きるのは「オープネスの変化」**なのだ。その構造を図にすると、図34のようになる。

構造をごく簡単に説明すると、まず事業が悪化すれば組織も悪化するが、最初にオープネスが反応する。これをリーダーが放置しておくと、組織の他の項目もどんどん悪化していき、やがて事業にも悪影響を与える。そして事業が悪化すると、組織の状態はさらに悪化する。こうなると、負のスパイラルをたどって事業と組織は崩壊していく。こういう構造だ。

では、なぜ、こうなるのか？　そして、どうやって防げばいいのか？

本章では、この構造と対策を解き明かしていきたい。そのためにはまず、基本的な概念をいくつか整理しておく必要がある。

## 図34 事業と組織が「負のスパイラル」に陥るにはプロセスがある

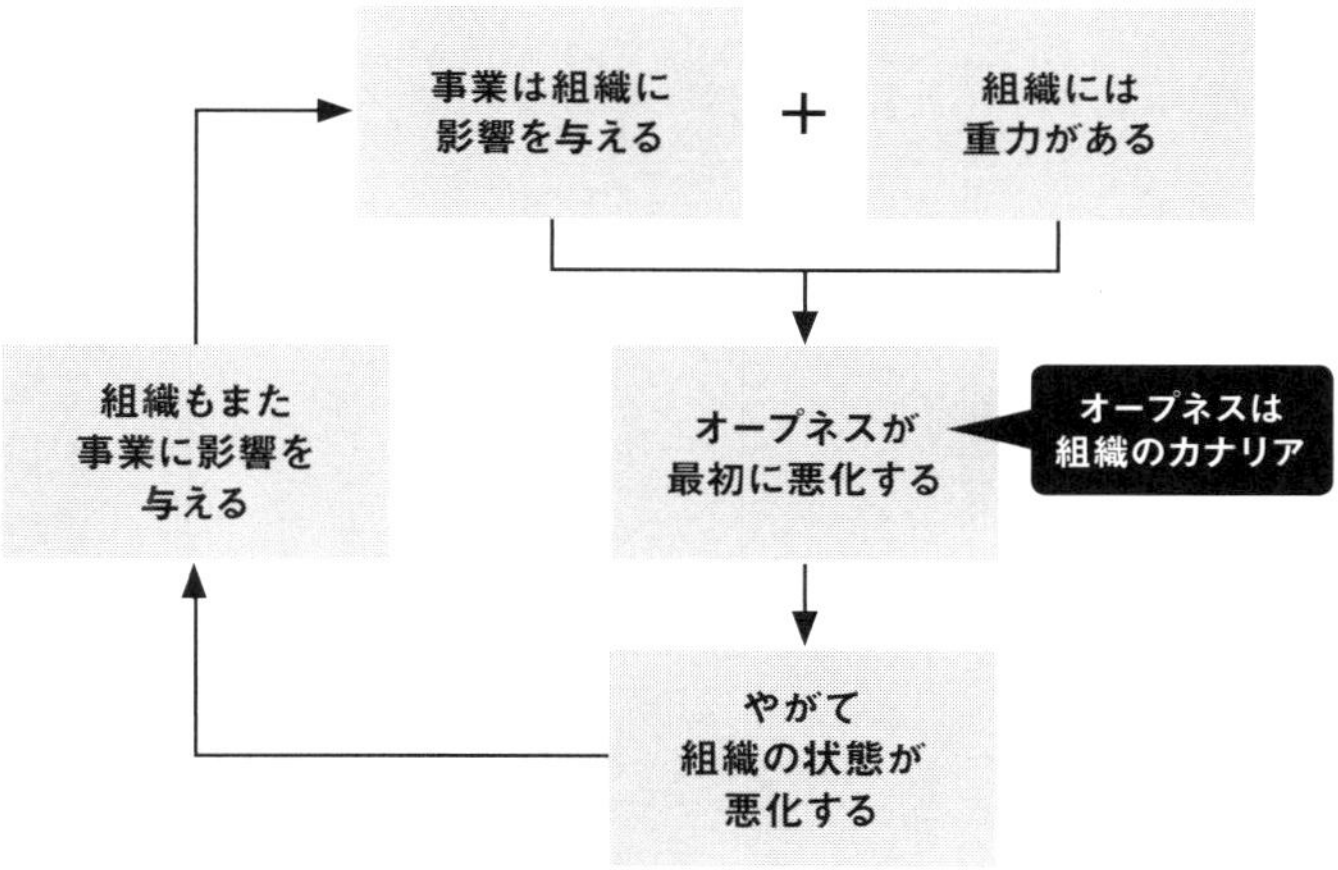


①事業は組織に影響を与える

↓

②組織には重力があり、何もせずに放っておくと「悪化」していく

↓

③組織が悪化したとき、最初に反応する要素は「オープネス」である（組織のカナリア）

↓

④その次に組織のさまざまな項目が悪化していく

↓

⑤組織が悪化すると事業も悪化し、どんどん負のスパイラルに入っていく

# 事業と組織には、モメンタムがある

リアルな会社経営の現場にいると、ある真実に気づく。それは、**事業や組織にはあきらかにモメンタムが存在している**ということだ。モメンタムとは「勢い」のようなもので、博打《ばくち》や賭けごとでいう「流れ」であり、本書での定義を書くのであれば「士気の高さからくる、成功や失敗の連続性」である。

ピンとこない？（もしそうなら、少しだけ説明したい！）

たとえば、部署やチームにもいい流れのときがある。なんでもうまくいくときがある。そういうときは、チームの中ではモメンタムが良い。ただ、この「大きなモメンタム」の中にも、細かい粒度で見ると、必ず小さなブレがある。そのブレは組織のほうに起きやすい（図35参照）。

つまり、事業のモメンタムは、大きな流れで一直線に進む傾向にあるが、組織のモメン

## 図35 「事業のモメンタム」と「組織のモメンタム」は連動して進むが、組織のほうが細かくブレる

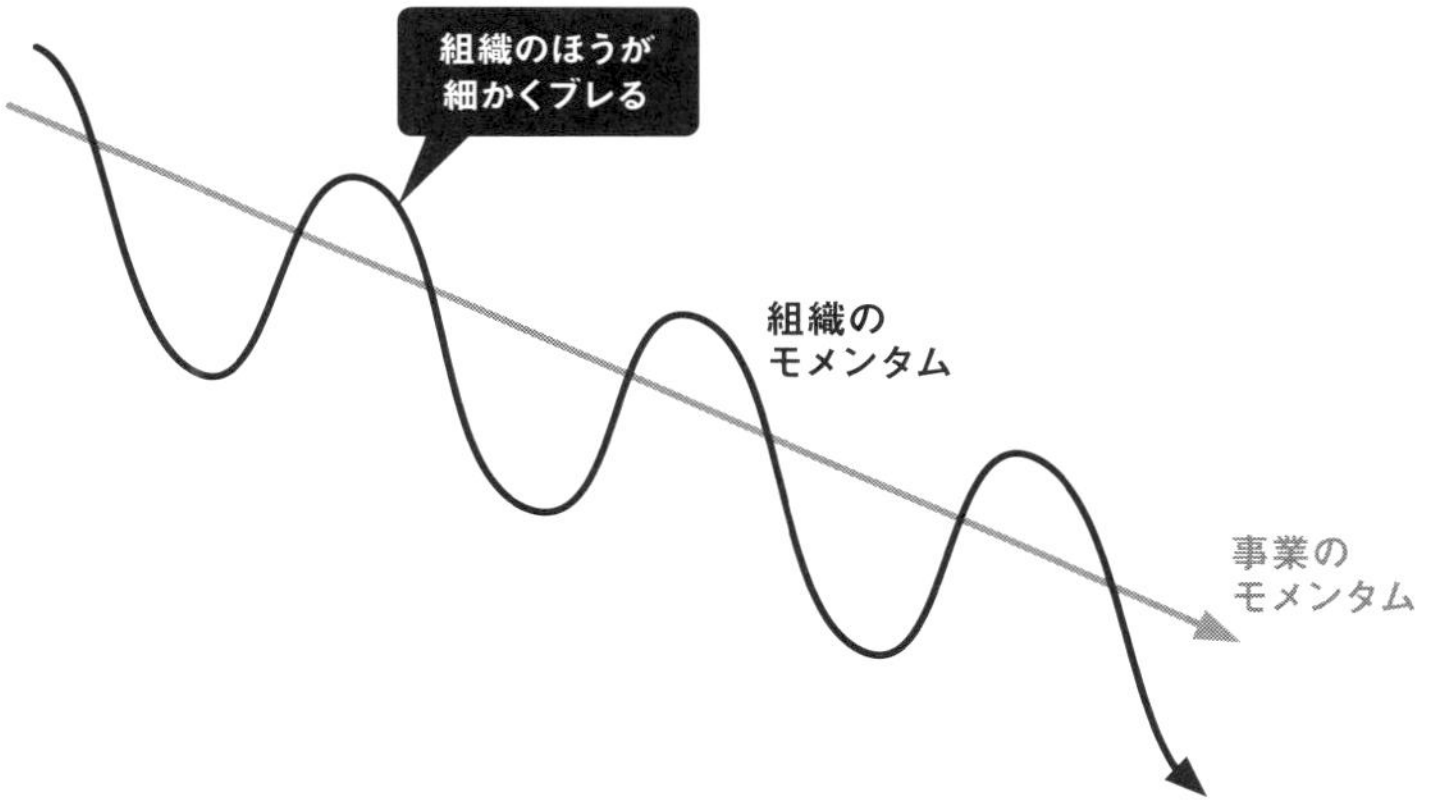


タムは細かい上下を繰り返しながら、どちらかの方向に進んでいく。

加えて、**両者は〝影響を与えあいながら〟進む**。たとえば「売上はすべてを癒す」という言葉のように、事業のモメンタムがプラスに働くと、組織のモメンタムにもプラスの影響を与える。「これはイケる！」というムードになる。

反対も同じだ。「組織→事業」への影響もある。たとえば「いい人材を採用し続ける」「エース人材の登場」など、組織のモメンタムがプラスに働くと、事業のモメンタムにも確実にプラスの影響を与える。これが事業と組織の関係だ。

## 何もしなければ組織と事業は百パーセント悪化する

「まぁ、言われてみたらそうだな」と思う人も多いかもしれないが、最も重要なのは、ここではない。一番大事なのは、**事業と組織には重力が存在しているということだ。**

〝重力〟とはメタファーだが、意味としては、事業と組織の状態は、長期的に見ると必ず悪化していくということだ。正確には**〝何もしなければ〟、百パーセント下に落ちていく。**これを指して重力と表現している。

理由はきわめてシンプルだ。事業のモメンタムが重力によって落ちていく要因には、①競合の出現と、②シェアの上限がある。たとえば、スタートアップの事業は対前年比で200〜300%成長ということがままありえる。ただ、それはあきらかに「市場自体がとてつもなく成長している」からであり、そして「シェアに大きな空きがある」からである。反対に言えば、その成長が何年も続けば、必ずシェアもどこかで頭打ちになり、競合も現れる。シェアを奪い合う戦いになる。だから「落ちる」のだ。

**図36　事業と組織は放っておくと、「重力」の影響を受けて必ず悪化する**

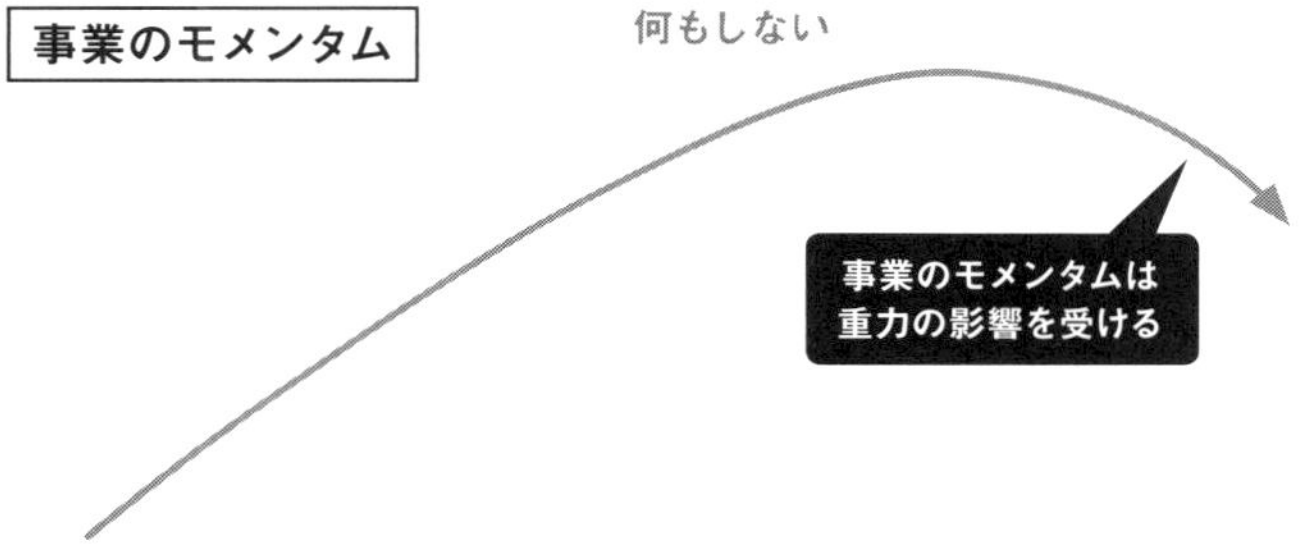


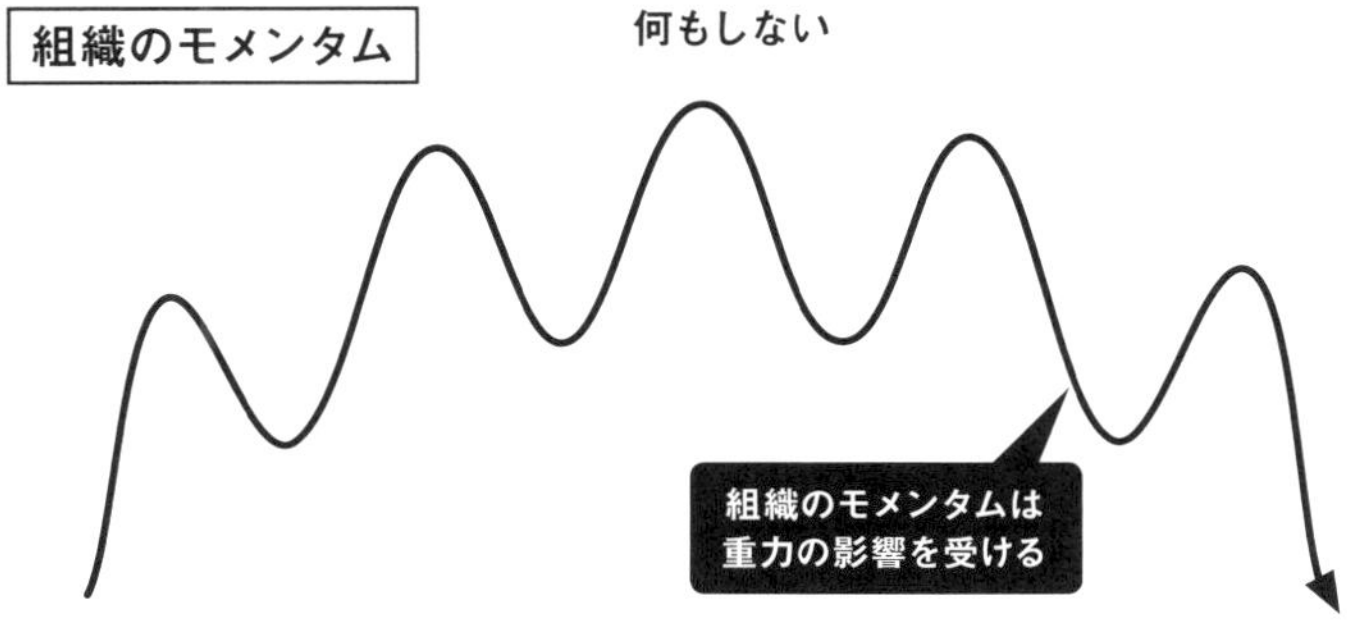

加えて、組織が〝重力〟の影響を受けるのは、①人数が多くなればなるほど組織的課題（社内政治や管理プロセスの冗長化）が必ず起き、②事業が成熟し始めると組織の中に〝飽き〟が発生してくるからだ。簡単に言うと、「大きくなればなるほど組織の問題は絶対に起きる」ということだろうか。つまり、言いたいことは2つだ。

**①事業と組織は、お互いに影響しあっている**
**②事業も組織も、何もせず、放っておくと、悪化していく（＝重力がある）**

## 利益が出なくなった組織は、まずオープネスが悪化する

このとき、オープネスは、「組織のカナリア」としての役割を果たす。言い換えれば、**最初に悪化しやすいのはオープネス**なのだ。

衰退フェーズの企業で働いたことがある人は、イメージしやすいと思うが、たとえば事業が悪くなり、利益が出なくなった組織というのは、往々にしてリーダーや経営者が、情報を隠すようになる。具体的に言うならば、必要以上に経営者が〝いいこと〟しか言わな

くなったり、悪い情報はさらっと表面的にしか触れなくなったりする。

赤字を出している事業や巨額の投資に対して、しっかり説明がされないまま、なんとなくその事業が進んでいく。利益が出ているのか、それとも出ていないのかもよくわからない。従業員への〝情報開放性〟が著しく下がるのだ。


たとえば、不正会計問題の例をイメージするとわかりやすいだろうか。事業が悪化し、利益が出せなくなると、人々は内向きになり、逆にポジティブな情報しか発信しなくなる。なぜなら、一度重ねた嘘の情報を隠すためには、さらに嘘の情報を重ねるしかないし、そもそもネガティブな事実を出すことは社内の雰囲気で許されないからだ。もしネガティブな事実を発信しようものなら、自分の椅子（仕事や役職）が危なくなる。

情報を隠蔽することは、組織の風土になり、正確な情報は経営陣の中でもごく一部の者だけが掌握する状態になる。現場は偽りの情報だけを握らされ、なんとなく靄《もや》の中で仕事を進めることを余儀なくされる。

## リーダーの「白い嘘」が負のスパイラルを生む

なぜ、オープネスが、最初に変化するのかというと、「リーダーの心の弱さ」に強く起因しているためだ。

イメージしてみたい。

たとえば、あなたが今、100人の部下をもつリーダーだとしよう。担当する事業の業績が悪くなっている。あるいは、ある部下が不正を働いた。さて、迷う。この事実をありのまま、組織やチーム全体に言うべきか、言うべきではないか？

実際、とても難しい問題だ。本来なら、きちんと事実は伝えたほうがいい。当然だ。しかし、我々の心は弱い。そこで、あるアイデアを思いつく。

い、い、い、い、い。

あえて言わない。これだ。

たとえば、こう考える。「今、会社の状態が悪いから、これ以上ネガティブな情報を共有すると士気に関わる」「嘘をついているわけではなく、言わないほうがみんなのためになる」「これは仕方ないのだ」と。つまり、〝白い嘘〟という選択肢が生まれる。

白い嘘とは、黒い嘘との対比の言葉で、悪意がなく誰かを傷つけないようにと思ってつく嘘のことを指す。その意味で、言い訳がしやすい。一方で、黒い嘘とは、明確に誰かを傷つけるためにつく嘘を指す。悪意がある。よって、普通、白い嘘のほうが人はつきやすい。

だが、**トップやリーダーが白い嘘を一度つき始めると、組織の常習となり、強烈な〝事なかれ主義〟を生み始める。**誰も本当の厳しい事実は言わずに、なあなあで物事が進み始める。むしろ本当のことを言う人は煙たがられる。

そして、その空白を埋めるかのように、ポジティブな情報を過度に宣伝する人（「オーバーサクセスシェア」の問題）が出始め、矛盾を理解した中間層から「戦略わかったふりおじさん」が生まれるようになる。社内に圧倒的批評家が生まれ始める。そして、組織のオープネス（情報開放性や自己開示性）は著しく下がる。

このとき、現場の不信感はピークを迎える。情報は、ポジティブな面だけがやたらと誇張され、戦略が正しく伝わる以上に、ねじ曲げられた情報が伝わっている印象を受ける。この不信感は経験した人はわかりやすいだろうが、もしそうした経験がないなら、ポジティブな情報しか言わない独裁国家の国営放送を見たときの、強烈な違和感を想像してもらえるとわかりやすいだろう。

## 「人間の心」は制度やシステムよりも影響を受けやすい

話を戻そう。

オープネスがなぜ、「組織のカナリア」になりえるか？

それは、次の式が成り立つからである。

**【影響の受けやすさ】**

**人間の心　＞＞＞　制度や組織システム（人事評価や成長環境など）**

では、そうならないようにするには、どうすればいいのだろうか？

実際、リーダーにも経営者にもできることがたくさんある。

## 図 37 リーダーの心の弱さによって事業と組織は負のスパイラルにはまっていく

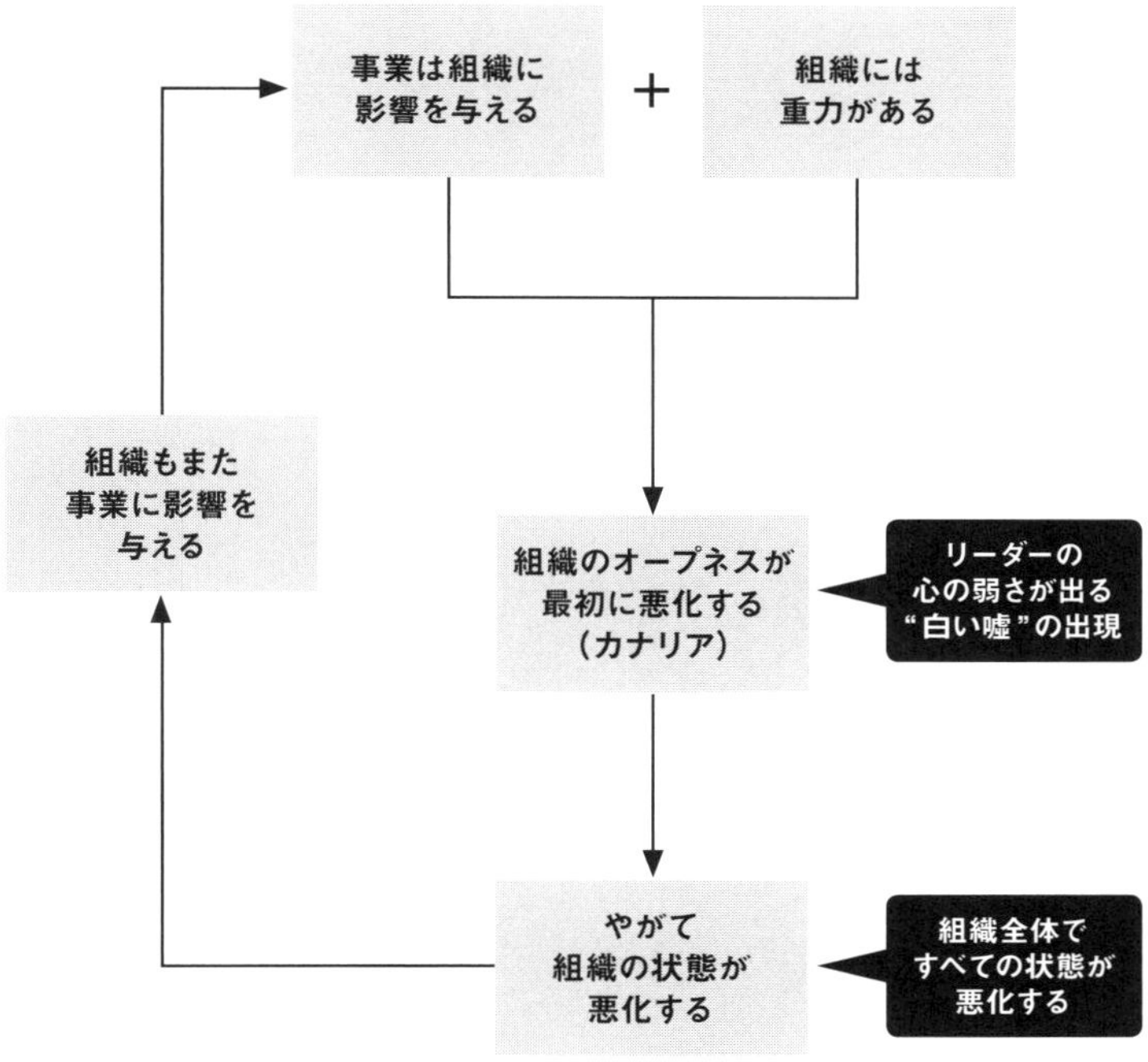

## 「予防」の打ち手①

# 勝ちグセの強化戦略

負のスパイラルを防ぐために我々ができることは、構造的に考えると3つある。優先順位の高いほうから**①予防、②早期治療、③手術**だ（次ページ図38参照）。

病気とのアナロジーで考えるとわかりやすい。まず、できることなら事業も組織も悪くなる前に、なんとかして防ぎたい（予防）。次に事業が悪化したとき、できるだけ早く手を打っておきたい（早期治療）。最後に、もうどうしようもなくなったら大幅な「手術」しかない。

では、それぞれのケースで、どんな戦略を打つべきなのか。より詳しく見ていきたい。

まず、予防の方法についてだ。

**図 38 「予防」で組織の良い状態をキープする**

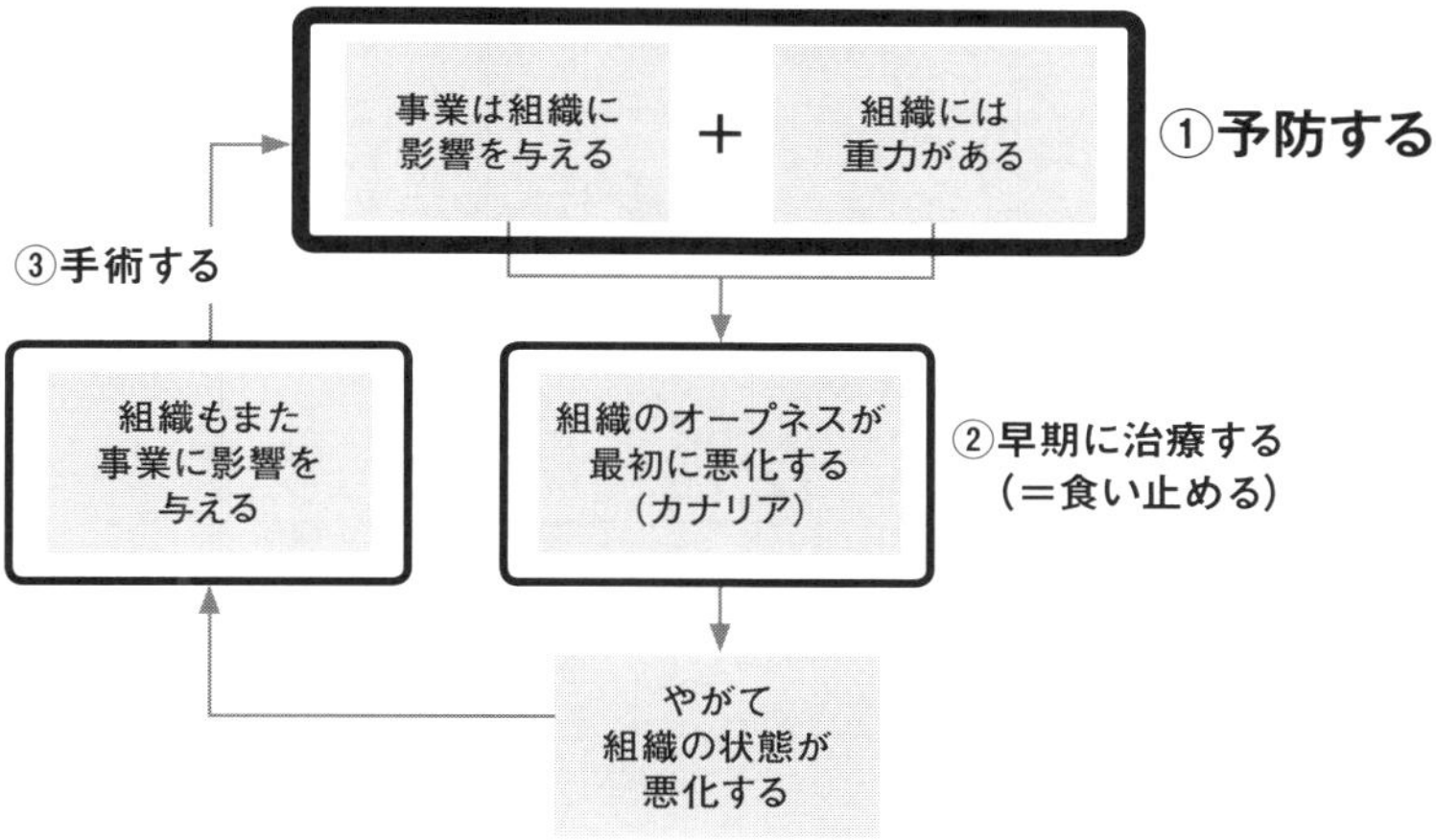


## 「勝ちグセのある組織」と「負けグセのある組織」の違い

私はよく考える。

「勝ちグセのある組織と、負けグセのある組織の違いは何か？」

世の中には、世代を超えても勝ち続け、成果を出し続けられる組織がある。一方で、負け続ける組織もある。あるいは、その中間の組織、勝ったり負けたりする組織もある。

スポーツの世界で考えるなら、常勝軍団と言われるチームと、勝ち負けの差が激しいチーム、負けグセのあるチームがある。

つまり、組織には3つのレベルがある。

①負けがちな組織（弱い組織）
②勝ったり負けたりする組織（普通の組織）
③勝ち続けられる組織（強い組織）

これらの違いは何か。

1つは、「組織の中での〝当たり前〟のレベルが違うこと」だ。具体的には、どのレベルの解像度で最善を定義するか、とも言える。

例で考えるとわかりやすい。たとえば、あなたが今、市場自体が130％成長を遂げている事業ドメインで、製品Aを販売していたとしよう。営業努力もあり、通年で140％成長を達成した。驚異的な数字だ。

この際、負けがちな組織はこう考える。

「自分たちの努力によってプラス40％成長した。やったぞ！」と。

つかの間の勝利にどっぷり浸る。

次に、勝ったり負けたりする組織はこう考える。

「市場成長で30％伸びて、自社努力によりプラス10％伸びた。波に乗れたぞ！」と。

つまり、要因を分解できる。30％は外部環境の影響であり、残りの10％は自分たちの実力だと冷静に分析できる。


最後に、勝ちグセのある組織はこう考える。

「市場成長で30％伸びて、自社努力で10％伸びたが、本当はもっと〝成長余地〟があって、さらにプラス5％伸ばすことができた」と。

つまり「機会損失」にフォーカスを当てられる。成果を分解した上で、もっとうまくできたのではないかと考えられる。これはトヨタの例がわかりやすいが、1％の改善とは別の言い方をすれば、「機会損失」を考えることだ。

以上を整理するとこうなる。

①負けがちな組織↓**「自分たちの実力」と「外部環境」を分けて考えない**
②勝ったり負けたりの組織↓**「自分たちの実力」と「外部環境」を分けられる**
③勝ちグセのある組織↓**「自分たちの実力」と「外部環境」を分けた上で、「機会損失」を考えられる**

## 「組織の機会損失」は見えづらい

そして、**機会損失の要因は、往々にして組織（またはプロセス）にあることが多い。**というのも、組織戦略における「機会損失」は、かなり見えづらいからだ。

「組織の機会損失」とは、具体的には次のようなイメージだ。

・あるメイン事業で、エース社員が活躍しているが、実は他の部署に異動させるともっと高いパフォーマンスを出せた

・採用活動で、「きわめて頭がキレるが、なんとなく生意気な社員」を採用面接官の未熟さによって不合格としたが、3年後、競合他社でエース社員として活躍していた

組織戦略の難しさは、「もっと良くできたかもしれないが、改善したときとしないときの差が見えにくいこと」にある。

たとえば、事業部Aで活躍しているエース人材がいたとしよう。その人材は、他の部員よりも圧倒的に高い成果を出している。これが事業の視点だ。

だが、組織戦略の視点は少し違う。組織戦略は「そのエース人材は、実はもっと違う事業部に行ったほうが、さらに活躍できるかもしれない」という可能性で見る。

反対のケースもある。今は事業部Ａで成果を出していない人でも、実は何かの要因をちょっと変えるだけで爆発的に成果を出せるかもしれない。これらはすべて「機会損失」であり、きわめて属人的で「目に見えにくい」のだ。

そして組織戦略において、**機会損失を最小化させるかさせないかは、「哲学的な思想」があるかないかによって決まる。**具体的には「もっと高いところを探し、見つけようとする」人でない限り、その機会を見つけることはできない。より正確に言うならば、多くの人は「取りに行こうとさえしない」のだ。

これもスポーツの世界にたとえるとわかりやすい。

プロ野球選手になれるような才能のある人が、素振りなどの基礎練習をやるのは当たり前だろう。だが、それ単体では、他の人と差は生まれない。他の人も当然にやるからだ。その中で、もっと上を目指して、驚異的なまでの高みを目指すかは、もはやその人物の哲学的思想によって支えられる面が強い。元大リーガーのイチロー選手をイメージすればわかりやすいだろう。あきらかに哲学がある。これはサラリーマンも同じだ。先に挙げたように、「組織的な失敗」は目に見えやすい。一方で、「組織的な成功」は目に見えづらい。そのため、哲学のない人にとっては、ただ単に「めんどくさくて自分からは取りに行きたくないリスク」なのだ。

## あなただけが知っている真実に投資する

王道的な戦略というのは、〝市場自体が成長している場合〟には、最も有効で、最優先事項になりえる。なぜなら、仮に競合が同じことをやっていたとしても、自分も他人も両方ともｗｉｎ－ｗｉｎになりえるからだ。たとえば、競合が20％伸びたが、自社も20％伸びたということが起きる。

だが、市場がダウントレンドに入り、加えて、「組織のカナリア」が警告を発するタイミングでは、往々にして事業戦略だけでは機能しない。なぜなら、競合もまったく同じぐらい本気で、同じ戦略を打ってくるからだ。

ペイパルの創業者であるピーター・ティールは、「あなただけが知っている真実に投資する」と語ったことで有名だ。勝ちグセの強化戦略はまさにこれだ。機会損失が見えているかどうかは、「あなただけが知っている真実があるか」「それに前もって投資できるか」と同じだからだ。

「予防」の打ち手②

# ロードウェイ改善戦略

かなり長くなったが、話を戻そう。

「予防」するための策の2つめは、「ロードウェイ」に関する戦略である。

ここで言うロードウェイとは、従業員の働き方や仕事の進め方（ガバナンス、ナレッジ共有、ムダのカット、社風など）を指す。ロードウェイ改善戦略を定義すると、次のようになる。

**【ロードウェイ改善戦略】**

事業の成長にやや陰りが見え始めたときに、ワークライフバランスやガバナンスの改善、コストカットなどの調整を行うこと。

事業は基本好調だが、その勢いにやや陰りが見えてきた場合、次のような従業員の声が上がる傾向にある。

・仕事は充実しているが、平日のプライベート時間の確保が難しい
・勢いのある会社であるが、理不尽な残業もある
・給与や安定目当てで入社してくる人が増えてきた。新しい社員の中には仕事に熱意をもっていない人も多い

つまり、人々が少しずつ疲れ始めている。または、入社してくる人の質が変わってきた。このケースの場合、組織戦略上、必要なのは「ロードウェイ（働き方やガバナンス、ナレッジ共有、社風）の改善」であるケースが多い。

ロードウェイには2つの意味がある。1つは、**働き方に関するもの**。もう1つは、**コストに関するもの**だ。

## トップは「組織の風邪」に気づきにくい

事業の成長が鈍化し始めると、往々にして社内政治の芽が生まれ始め、本来のミッショ

ンを忘れ、出世や社内政治に関心をもつ人が出てくる。なぜなら、①かつてほどの事業成長がなく、全員が出世することが難しくなっている分、従業員のパワーが内に向きやすいから、あるいは、②古参社員の中で人格的に必ずしも優れていない人もマネジャーや課長職などに就き始める時期だからだ。

そもそも経営者やビジネスリーダーという生き物は普通の人に比べて、異常なまでに「仕事が好き」であり、右腕一本で「なんとかできてしまう」力がある。そのため、平均的な体力の限界や、組織的な弱さに対して鈍感になってしまう傾向がある。したがって、自分の会社がいつの間にか「組織の風邪」にかかってしまっていることに気づきにくい。

だが、ロードウェイの問題が発生した状態で事業を成長させると、当然、必ずどこかで爆発が起きる。あるいは、ここから一気に組織が悪化していき、従業員の大量離職が続く。そうなれば、大きなペナルティを受け、事業も大きなダメージを受ける。

このケースの場合、まずやるべきなのは「実態を正しく把握すること」だ。個人的にオススメするのは、**直属の上司を飛ばした形の実名型の360度サーベイ**、または**現場のメンバーが直接経営陣に意見を実名で言える機会をもつこと**だろう。実態を把握し、どこに組織のほころびが出かけているかを認識する必要がある。

「早期治療」の打ち手

# 「白い嘘」をついてはいけない

風邪や体調不良と同じで、経営も早め早めに手を打てるかどうかが、そのあとの展開を大きく決めることが多い。組織のオープネスが悪化し始めたら、経営者やリーダーがやるべきことはなんだろうか？

2つある。

**①白い嘘をつかないこと**
**②これからの未来となる道筋を描くこと**

すでに述べたように、オープネスが「組織のカナリア」として機能するのは、人の心の弱さに影響を受けやすいからだ。そして、リーダーが自らの心の弱さに負けて、失敗や悪い情報を出したくないと思うのは、往々にして、リーダー自身も、その先の未来が見え

## 図39 「早期治療」で組織の悪化を防げる

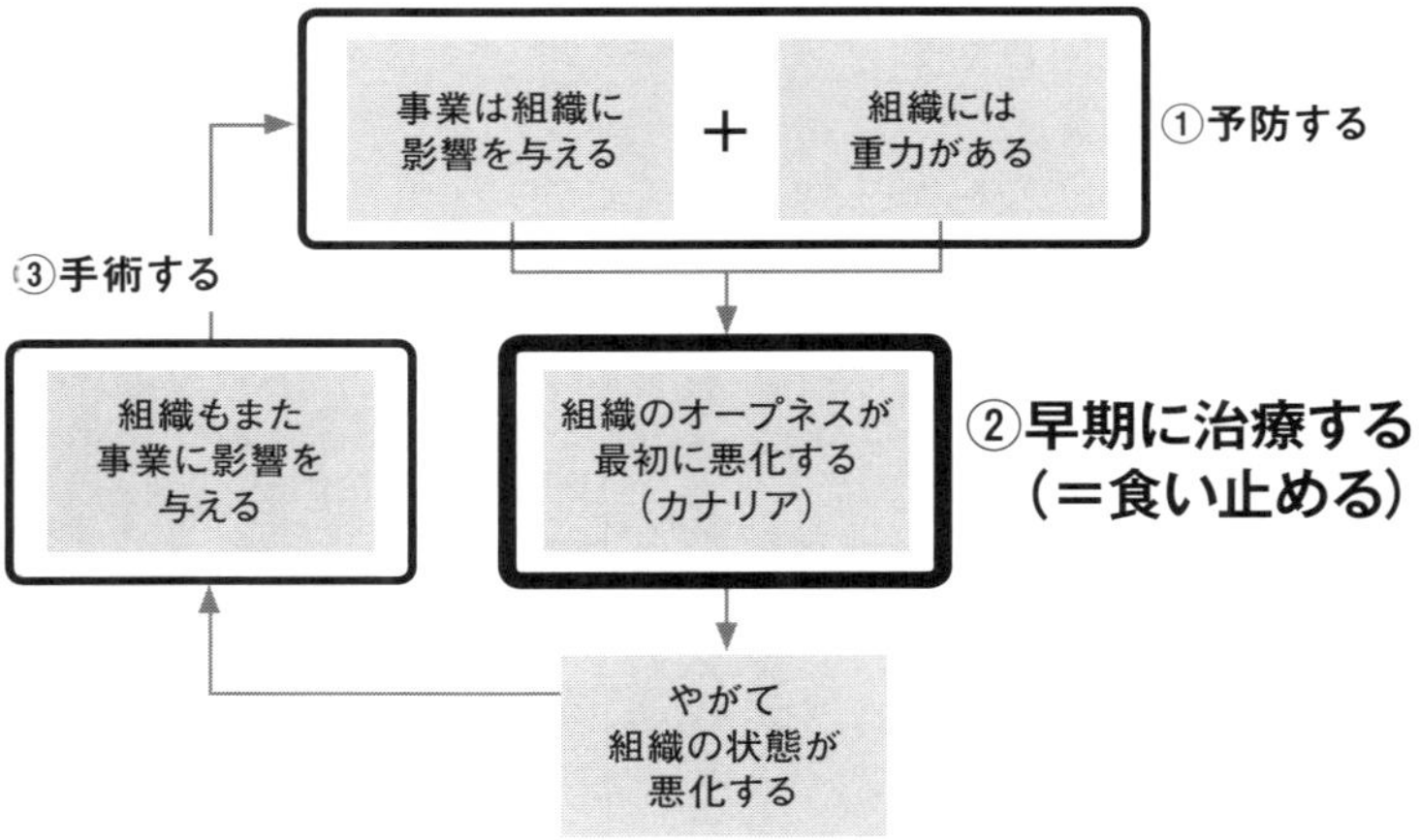


きっていないからである。

想像してほしいが、あなたがもし骨折して、リハビリをしなければならないとしよう。

その際、医者から「リハビリはとても厳しいですが、○カ月続ければ、治る可能性が高い」と言われたら、まだ頑張れる気がするだろう。しかし反対に、「リハビリはとても厳しいですが、頑張ったとしても治るかどうかはわからない」と言われたり、あるいは、そもそも未来の説明がない状態でスタートしなければいけないとしたらどうだろうか。前者と後者の間には、希望に大きな差が出る。

つまり、白い嘘をつかないためには、**リーダー自身が、その先の未来をしっかりと理解していないといけない**のだ。

トップですら、「先行きが見えない」状態ならば、現場のメンバーからすると、さらに「先行きが見えない」のは当たり前の話だ。参考までに、こういうとき現場からは、次のような声が聞かれるようになる。

・経営陣から都合のいい情報しか共有されていない印象を受ける。戦略がわからない
・日々ルーティンをこなしていくことができるが、キャリアップを目指すところではないと感じてしまう
・後半の人生を考えたときに、今のままでは転用が難しいスキルしかついていない気がする

## 事業の新しい展開を示し、〝体験的に〟理解させる

オープネスが下がり始める状態というのは、出口の見えないトンネルの中を進むようなものだ。重要なのは、失敗や悪いこともきちんと開示した上で、明確なこの先の「事業の新しい展開」を示すことである（当たり前のことを言って申し訳ない）。

現場のメンバーは、悪い情報を受けると、既存事業の伸び代に対して懐疑的になる。このままいっても事業が先細りになると予測する。そして士気が下がる。これを回復させる

ためには、**事業の新しい展開を〝体験的に〟**示すしかない。

ここで〝体験的に〟と強調したのは、経営者にとって事業の先行きというのは常に考えているものであり、往々にして「現場に語っているつもり」であることが多いからだ。現場のメンバーが、事業の展開に対してなんとなく先細りを感じるよりもはるか前から、経営者は「事業の先行き」に対して懸念を抱いていることが多い。

つまり、両者間にはタイムラグが存在している。ただ、このタイムラグはほとんどのケースで解決されることはない。

四六時中、経営の未来や事業の可能性を考え、そして手に入れられる情報のケタも大きい経営者やビジネスリーダーが〝わかりやすく語ったつもり〟の事業展開というのは、現場メンバーには理解しきれないことが多い。これは優秀か、優秀ではないか、ではなく、ビジョンや戦略の前提となっている〝文脈〟への理解度の違いで起きる。人が〝体験的に〟物事を理解するには、文脈が必須だからだ。

## 「結論」だけではなく「プロセス」も明確に伝える

大事なのは**「文脈を通じた理解」**である。文脈を通じた理解とは、結論だけではなく、プロセスが明示された結論を指す。言い換えれば、考えたオプションのうち、選ばなかったものも含めた思考のプロセスのことだ。

たとえば、新規事業でAというアイデアを採択した際に、重要なのは「Aというアイデアは何で、どう戦っていくのか」という結論ではなく、「なぜAというアイデアを採択するに至ったか」という思考のプロセスを追体験させることであり、「その結果、現場メンバーのキャリアにどんな影響があるのか」という寄り添う視点である。

もっと言うならば、次の2点が求められる。

**①今の状態を過去のケースや他社のケースにたとえ、メタ認知をさせる**
**②メンバーのキャリアが今後どのように改善していくのかをあきらかにする**

たとえば、今の自社が「既存事業は順調だが、新規事業が立ち上がっていない」状態だとしよう。社内には焦りがある。今の既存ビジネスではいずれ頭打ちになることがわかっている。すぐにでも新規ビジネスを立ち上げたい。このとき、「メタ認知」を促すためにメタファー(隠喩)を使うことが有効だ。たとえばこうだ。

「今の自社は、たとえるなら、ホンダが四駆の技術を使ってバイク事業で成功する前の状態と同じだ。そのとき、ホンダは自社と同じようにAという状態にあり、大事だったのはBであり……」


つまり、この状態をいったん、客観的にフラットに考えさせるのである。

ただ、これだけでも、人は「事業に対する未来」を理解しえない。なぜなら、そこに「自己」が投影されていないからだ。SF映画をイメージすればわかりやすいが、どれだけ革新的な世界観、未来の世界を描いたとしても、物語には必ず「共感できる主人公」が必要になる。ほとんどの人は結局、「自分の主観」でしか物事を判断しない。

したがって、重要なのは、**一度メタ認知させた世界をもう一度、実利レベル（ベネフィットベース）にまで落とし込むこと**にある。端的に言うならば、個人個人に「インセンティブ」を与える。ほとんどの人にとって、重要なのは、事業そのものではなく、「事業に対する未来の中を生きる〝自分〟のメリット」なのだ。

「手術」の打ち手

# アロケート戦略と撤退生存戦略

「売上はすべてを癒す」という言葉を裏返してみればわかるように、根本的に事業が衰退していく中で、この先ずっと組織の状態がいい、ということは現実的には難しい。

シンプルな思考実験で考えるとわかりやすいが、私たちが10人の船員の一員だとしよう。10人の船員の仲はとてもいい。だが、事業が衰退するというのは、たとえるなら、少しずつ船が沈んでいくことだ。来年になると人員が8人になる、つまり、誰か2人は食べさせていくことができない。2人は船から出ていってもらわないといけない。

これが一時的であればいいが、この傾向が長く続けば、1年後にはさらに1人減り、その1年後にはまた1人減る、ということになる。この状態の中で、「ずっと組織の状態がよくあり続ける」のは無理がある。したがって、**「事業が悪いけれども組織の状態は良い」という期間はそれほど長くは続かない。**

**図40 「手術」で組織を回復させる**

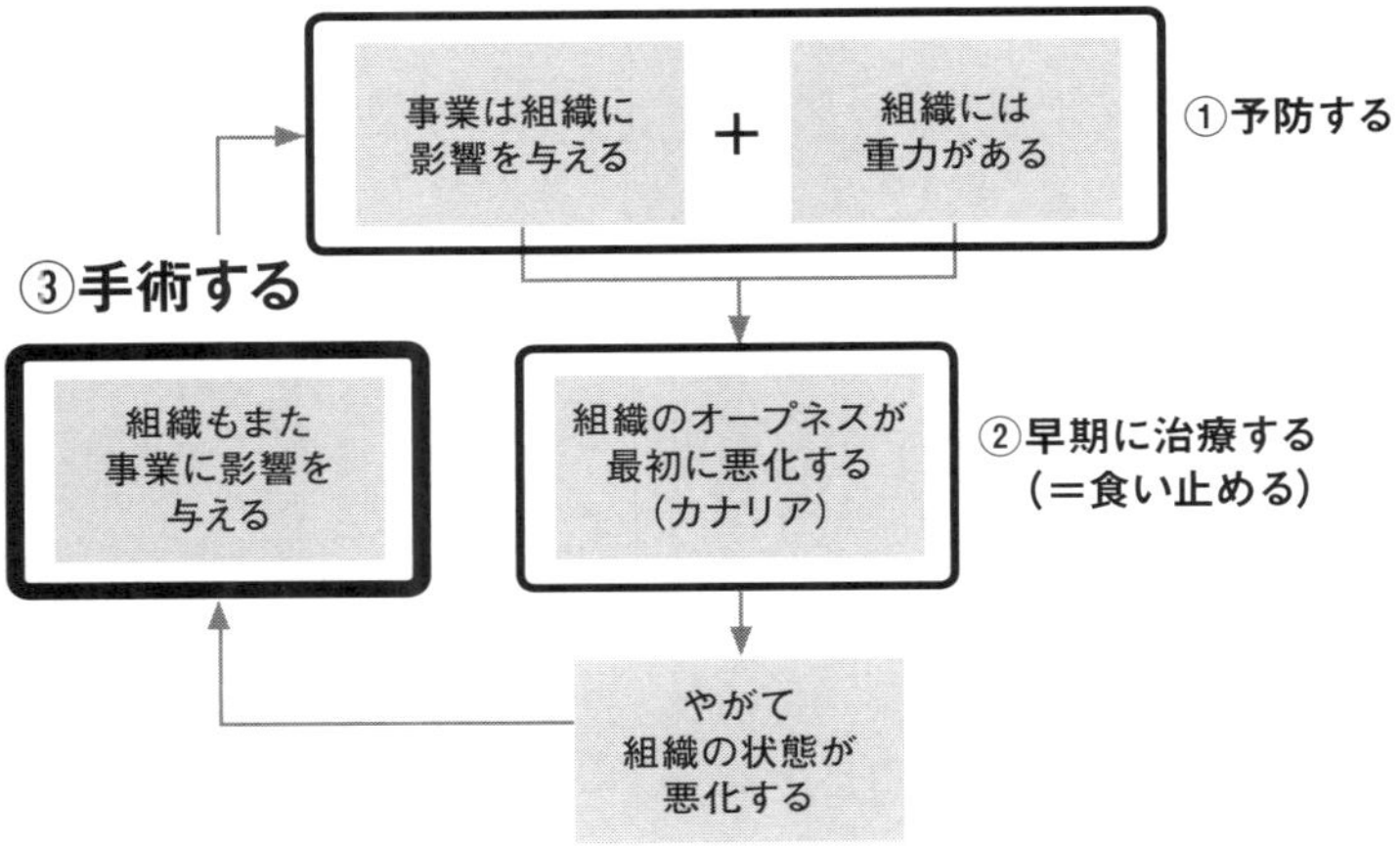


一方で現場からすると、事業が悪くなり始めた時期はまだ、瞬間的には10人全員を食べさせていける余裕があると勘違いしがちだ。端的に言うならば、「私たちはまだいける」「うちの会社はブランドがあるから大丈夫」などと思っている。

これまで何度も述べたように、事業のモメンタムは、組織のモメンタムより強い。自動車が生まれた現代に、馬車を盛り上げることは不可能だ。その意味で、事業のモメンタムが下を向いている限り、どこかでその組織は崩壊していく。

## 人を異動させる「アロケート戦略」と損切りをする「撤退生存戦略」

では、経営者やリーダーには何が必要

か。大きく2つの方向性がある。

1つめは**「アロケート」、人と金の移動**。より具体的には、事業部の全士気がダウントレンドに入る前に、人を異動させるのだ。活気のあるチームのトップ、またはエース級を新しい事業部、地域、部署に配属させる方法だ。

「アロケート戦略」を定義すると、次のようになる。

**【アロケート戦略】**

事業は悪いが、組織の雰囲気はいい状態。事業部長、チームリーダーの関係は良好だが、いずれ悪化していくため、組織単位で事業部を異動させ、事業への貢献度を高める。

2つめは**「撤退生存戦略」**。事業はより深刻な状態で、いわゆる「損切りする」という方法。定義はこうなる。

**【撤退生存戦略】**

負のスパイラルに入っていく状態。事業も組織も崩壊に向けて進んでいるため、事業撤退と、退職マネジメントを行い、「存続させる事業と組織」にフォーカスする。

## 事業再生時は「士気の高い部署」から手をつける

以前、ある有名なファンドの経営者と対談させていただいたときに、「事業を再生させる際に、最も大事にすべき職場環境のデータは何か？」と聞いたことがあった。そのときの答えは「社員の士気」だった。より正確に言うと、**「細かい単位で見て、士気が高い事業部から改革する」**ということだった。

実際、「社員の士気」は職場環境のデータを使えば把握することができる。たとえば、オープンワーク社のデータを見てみても、全体の士気は高くないが、「ある部署は高い」ということが顕著に見られるケースがある（図41参照）。

従業員の士気が高いということは、往々にして組織のトップは人望が厚く、部下からの信頼が強い。したがって、むしろ市場環境や競合からの攻撃に対してチームは一致団結し、「なんとかしてこのチームで復活を遂げたい」と意気込んでいる。その士気をうまく活用するわけだ。

## 図41 全社の中で特筆して「士気が高い部署や職種」がある大企業（従業員1000人以上）

| 企業名 | 職種カテゴリー | 全体との差 | 企業全体での社員の士気 | 該当チームの社員の士気 |
|---|---|---|---|---|
| トヨタ紡織株式会社 | 営業 | 0.9 | 2.5 | **3.4** |
| 三菱UFJモルガン・スタンレー証券株式会社 | 投資銀行 | 0.7 | 2.8 | **3.5** |
| 西日本旅客鉄道株式会社（JR西日本） | 施設 | 0.7 | 2.7 | **3.4** |
| メットライフ生命保険株式会社 | コンサルタント | 0.6 | 2.8 | **3.4** |
| 大和ハウス工業株式会社 | 事務 | 0.5 | 2.9 | **3.4** |
| 株式会社進学会ホールディングス | 講師 | 0.5 | 2.9 | **3.4** |
| 日本交通株式会社 | ドライバー | 0.5 | 2.8 | **3.3** |
| ダイキン工業株式会社 | 事務 | 0.5 | 2.9 | **3.4** |
| 株式会社JSOL | 開発 | 0.5 | 2.9 | **3.4** |
| IQVIAサービシーズジャパン株式会社 | CSO | 0.4 | 3.0 | **3.4** |
| 日本生命保険相互会社 | 企画 | 0.4 | 2.9 | **3.3** |
| 株式会社三越伊勢丹ホールディングス | バイヤー | 0.4 | 2.9 | **3.3** |
| くら寿司株式会社（旧：株式会社くらコーポレーション） | 業務 | 0.4 | 2.9 | **3.3** |
| 株式会社キタムラ | 店長 | 0.4 | 2.9 | **3.3** |
| 株式会社ECC | 講師 | 0.4 | 3.0 | **3.4** |
| 株式会社三栄建築設計 | 設計 | 0.4 | 2.9 | **3.3** |
| 東レ株式会社 | 研究 | 0.4 | 2.9 | **3.3** |
| ヤフー株式会社 | 開発 | 0.3 | 3.0 | **3.3** |
| 日本電信電話株式会社（NTT） | 研究 | 0.3 | 3.0 | **3.3** |

※対象レポート：2014年7月から2019年6月までに投稿された全レポート（ただし、2013年以前の退職者を除く）
※レポートn数：21万3099件、企業n数：2383社を元に著者分析

**→企業の中には士気が高い事業部が存在している**
**→事業を再生する際は、「士気が高い事業部から改革する」のが効果的**

## 組織やチームを変革する3つの視点

自分の経験値を鑑みても、組織やチームを変革するには3つのポイントがある。

1つめは**「誰をトップに置くのか」**。2つめは**「士気が高い人の割合」**。3つめは**「役割の再定義」**だ。

1つめの「誰をトップに置くのか」はリーダーや社長の重要性を考えれば、言わずもがなだろう。ただ、この際重要なのは、**事業が成長しているときに活躍する人物と、事業が衰退しているときに、そのスピードを遅くする力のある人物は、異なる**ことが多い点だ。

具体的には、衰退事業ではトップラインを上げる社員よりも、コストを下げ、効率的に組織を運営できる社員のほうが必要になる。その意味で、実際は「エースと言われる人物」を別部署に異動させても、もともとエースがいた部署には新しいリーダーが生まれ、想定より低いダメージで終わることのほうが多い。

2つめが、士気が高い人の割合だ。具体的には**「全体で4～5割以上の人間が変革に対して意欲が高い構成」**にすることだ。

たとえば1000人の部門があったとしよう。事業も組織もモメンタムはマイナスで、危機的な状態になっている。このとき、それぞれの「変革」に対する割合は、2：6：2の法則を考慮すると、おおよそ次のような分布になりえる。

A：10人（1％）↓事業に本気でコミットし、未来を変革したいと思っている
B：190人（19％）↓できれば変わってほしいなぁ、と思っているが率先はしない
C：600人（60％）↓様子見。会社がどちらの方針に振れるかを冷静に見ている
D：200人（20％）↓自分の居場所や自分のポジションを守るための行動をとる

このうち、士気が高い人の割合が4～5割になる単位でグループをつくることだ。

3つめが、「役割の再定義」。**「あなたには◯◯という重要な役割があるから、ぜひこの仕事をお願いしたい」とメンバーに伝える**ことだ。結局、人は自分の役割に応じて行動を変える。したがって、リーダーが組織を変えるためにできることの1つは、この「役割の再定義」でしかないのだ。

事業も組織も、モメンタムがマイナスに働き始めると、負のスパイラルは加速していく。事業部には「失敗できない」「このままだと自分の居場所がなくなる」という緊張感が走り、誰もがリスクを取らず、責任を転嫁し始める。このフェーズに入ると、次のような社員の声が上がる傾向にある。

・部下を信頼する風土がなく、優秀な人間が辞めていく傾向にある
・もともとイエスマンしかいない。会社変革は難しい
・新しいことをやるといった雰囲気は感じられない。体力の限界

## 組織を立て直すための5ステップ

変革の際に大事なのは、「どの単位の岩に分解するか」という視点である。名著『V字回復の経営』(三枝匡著、日本経済新聞出版社)や『カモメになったペンギン』(ジョン・P・コッター、ホルガー・ラスゲバー著、ダイヤモンド社)のように、改革できる単位で分割し、場合によっては、人員の整理を行う必要が出る。

より具体的に言えば、組織のモメンタムをダウンサイドからアップサイドに盛り上げる

ために必要なステップは、次の通りだ。

①士気が高い社員がどこに、何人いるのかを把握する
②彼らが全体の4〜5割を絶対に切らないように組織の岩を分解する
③それぞれに「明確な役割」を再定義する
④少しずつ「士気」の高い社員の人数を増やす
⑤それでも変わらない「大きな岩」は辞めてもらう

アロケート戦略や撤退生存戦略は一番難しい。なぜなら、事業が衰退フェーズに入ったとしても、その事業はいまだに「売上を大きく占めている場合」が往々にしてありえるからだ。この状態で、士気の高いチームを先んじて異動させることは、衰退のスピードを速める可能性がある。エース社員を含めたチームを改変すれば、現場の反発も大きくなる。必ずといっていいほど「経営陣は何を考えているんだ」という声が出る。

だが、そもそも経営者がやるべき仕事の1つは、**二律背反する選択の意思決定を下すこと**なのは言うまでもない。重要だが先延ばししたくなる問題というのは、ボトムアップでは解決できない。トップダウンで意思決定するしかないのだ。

# 組織にも「ライフサイクル」が存在する

「組織には、成長曲線がある」

会社の経営、とくにスタートアップでの創業期〜拡大期を経験すると、この真実に気づくタイミングがある。

我々が最も見落としがちだが、重要なのが**「社長や経営者も、また成長していく」**という事実だ。あえて言い切るなら、いい組織であればあるほど「社長や経営者こそ、一番成長し続けている」。言い換えれば、生まれたときから完璧な経営者や起業家などいない、ということである。

経営や戦略というのは、ある程度「再現性」の世界であるため、〝人間の器〟という本質的な部分以外は、あきらかに後天的なもので、経験によって成長することができる。

同様に、組織にも成長曲線がある。より具体的に言うと、**失敗と成功を繰り返しながら、進化していく**ということだ。

意外なことに、ビジネスパーソンの中には〝事業にはプロダクトライフサイクルがある〟ことは認識しているが、〝組織にもライフサイクルがある〟ことを理解していない人が一定数いる。したがって、会社というものがゴーイングコンサーン（継続企業）であることを、本当に盲目的に信じてしまっている人が多い。

## 組織戦略力とは「ライフサイクルの転換点を乗り越える力」

本質的な組織の力、つまり〝組織戦略力〟とは、このライフサイクルの転換点を「**できるだけ少ない失血で乗り越えられる力**」だと私は思っている。言い換えれば「変化に対応できる力を高めること」にある。

当然ながら、すべての事業が変化に対応する必要などない。単一事業の売上を短期間で上げるには、変化に対応する力などいらず、官僚的・軍隊的な組織こそ強いこともある。ただ、それはどちらかというと、組織戦略上の話ではなく、「事業戦略の最大化に向けた、組織のあり方」でしかない（言い換えれば、戦略ではなく、戦術の中の1つでしかない）。

その意味で、事業戦略というのは、事業の価値の最大化を目指すものであり、組織戦略というのは、「**ライフサイクルの転換点を乗り越える力**」を**高めるための施策を事前に打っ**

**ておくこと**に他ならない。これが「事業戦略」と「組織戦略」の違いだと私は感じる。

これは言われてみれば当然の話だ。部活動やサークルであっても、代替わりのタイミングで大きくメンバーが変わり、強くなったり、弱くなったりするチームがある一方で、ずっと強いサッカーチームのように、〝うまく代替わりし続けるチーム〟も存在している。

この際、重要なのは監督単体の力ではなく、組織そのものの力。つまり、風土や不文律の中にある「連続的な変化への対応力」だ。

## 「断続的な変化」と「連続的な変化」

そもそもだが、物事が変わるには、2つの方法がある。

1つは、「断続的な変化」。急にパッと人が入れ替わり、組織が生まれ変わる。ドラスティックな変化だ。たとえば、数千人、数万人単位の退職者が発生する変化は、断続的な変化であり、不幸な変化も多く生み出す。

もう1つが「連続的な変化」。滑らかに少しずつ人が生まれ変わり、数年後に見てみると、元の組織とはまったく違う形になっている、という変化を指す。そして、断続的変化の力はトップの力であり、連続的変化は組織全体の力である。

**・断続的変化の力　↓トップの力に依存する**

**・連続的変化の力　↓組織全体の力に依存する**

繰り返すが、重要なのは、「組織の力」も「トップの力」も、データによって可視化されて、世の中にオープンになってきたということだ。

# 「組織の力」は採用や資本市場にダイレクトにヒットする

思い返してみると、ひと昔前まで、人々が言う「あの会社はいい会社だよね」という言葉の意味は、きわめて画一的なものであった。それは「皆が知っている」企業を指すことが多かったが、その現状は少しずつ変わりつつある。

その背景には2つの変化がある。

1つが、**「組織のオープン化」**だ。職場環境のデータがこの世に生まれたことの意味は、組織戦略の良し悪しが、市場原理とつながったことにある。従業員を大事にしていない会社は、すぐさまデータプラットフォームで可視化され、採用市場に反映される。

現代の就活生、転職者は5割弱が従業員のクチコミを見て就職活動を行う。加えて、外資系企業で働くこと、海外で働くことが昔よりもずっと身近になった。つまり、選択肢があきらかに増えたのだ。彼らは「表ではいいことを言っているけれど、裏ではダメな企業」を冷静に調べている。人手不足の時代には、これはダメージが大きい。

もう1つは、**「就労観の変化」**である。

昭和以降の世代（ミレニアル世代、それに続くZ世代と呼ばれる人たち）は、「意味を重視する世代」と呼ばれ、仕事の「意味」に重きを置く。ここで言う「意味」とは、やりがいであり、なぜその仕事をやるのか、その事業にどんな社会的な価値があるのか、というWHYの部分を指す。

物質的な豊かさをもった状態で育った世代は、単純に大量生産・大量消費モデルを追い求めない。その脆弱性を身をもって体験しているからだ。

このように働く人の価値観が変わっているのであれば、それに対峙する経営側もあるべきマネジメントのスタイルを変えなければならない。

ここまで聞くと、「今の若い奴らはめんどくさいなぁ」と思うかもしれないが、実は今のミドル世代（40〜50代）にも同じような傾向がある。なんならすべての世代で同じなのだ。ここに興味深いデータがある。

次ページ図42は、e-NPSと職場環境のデータの相関係数を年代別に表したものだが、意外なことに年齢が上がれば上がるほど、数値が高くなっていく。つまり、ミドル世代に

## 図42 ミドル世代(40～50代)になるほど職場環境の重要性は高まる

| | 20代 | 30代 | 40代 | 50代 |
|---|---|---|---|---|
| 風通しの良さ | 0.56 | 0.59 | 0.67 | 0.69 |
| 人事評価の適正感 | 0.14 | 0.36 | 0.47 | 0.50 |
| 20代の成長環境 | 0.29 | 0.39 | 0.53 | 0.72 |
| 法令遵守意識 | 0.54 | 0.42 | 0.38 | 0.54 |
| 待遇面の満足度 | 0.68 | 0.66 | 0.64 | 0.69 |
| 人材の長期育成 | 0.57 | 0.60 | 0.64 | 0.75 |
| 社員の相互尊重 | 0.40 | 0.54 | 0.68 | 0.75 |
| 残業時間 | 0.37 | 0.47 | 0.58 | 0.74 |
| 有給休暇消化率 | 0.75 | 0.77 | 0.80 | 0.85 |
| 単純平均 | **0.48** | **0.53** | **0.60** | **0.69** |

※対象レポート：2014年7月から2019年6月までに投稿された全レポート（ただし、2013年以前の退職者を除く）

※レポートn数：21万3099件、企業n数：2383社を元に著者分析

とっても職場環境の重要性は高いと言える。若者だけの問題ではなくなっているのだ。

## オープンになった「職場環境のデータ」は世代間をつなぐバトン

実際には、働きがいはすべての人にとって重要なものだ（当然だ！）。だが、なぜそれが高らかに謳われなかったかというと、「労働＝苦労すべき」という戦後のイメージが根強く残り、加えて、「会社に入ってみないとわからなかった」ことが多かったためだ。行きたい会社の真の実態は、入社して何十年も経たないと見えなかった。

たとえば、「20代の成長環境がほしい」と思っていたとしても、どの会社も「うちは若いうちから成長できるよ！」と表では謳うものの、その実態はわからなかったのだ。人々は自分のバー（期待値）を超えることが難しかった。

だが、時代は変わりつつある。職場環境のデータが世の中にオープンになった（私はこれを、「オープネス革命」と呼んでいる！）。これは**世代間をつなぐバトンのようなものだ。**これまで働いてきた人の生の声を集約させ、データ化し、そして他の人にバトンタッチする。言い換えれば、これによって先輩から後輩へバトンタッチができるようになった。

・この会社は本当に人を大事にするから、安心してほしい

・反対にこの会社は20代で働くにはいいけれど、長く働くのは辛いよ

こういう情報が世代間を超えて伝わるようになってきたのだ。これは、本来であればポジティブな変化である。だが、まだこれが経営戦略には結びついていない。

すでに述べたように、組織戦略の成果の1つは「機会損失を防ぐこと」であるため、数字ですぐに見られる事業戦略の成果が優先される傾向にあった。だが、今なぜ組織戦略が重要になってきているかというと、職場環境のデータがオープンになってきているからだ。

## 企業がついた嘘はバレる時代

現代の採用活動は、情報がオープンになりつつある。**企業の実態は、データベースで事前に把握することが簡単になった。**この結果、企業は化粧した状態で戦うことが難しくなった。

採用マーケットにおけるオープネスは、確実にこの数年で高まっている。表ではカッコいいことやキレイなことを言っていても、実態は違う――そうした情報はすべて外部のデータとして残るようになってきたのだ。つまり、「嘘はバレる」のだ。

トヨタを中心に、経団連の企業が「終身雇用を守ることは難しい」「そのメリットがない」と語る理由は、従業員が求める要素が変化しているから、そして「嘘をついて隠していても、どっちみちバレる」からだ。

言い換えれば、この時代において経営者が確認すべきことは、次の3点である。

①何を約束でき、何が約束できないのか？（給与が約束できないなら、その代わりに強い何を提供できるのか）
②約束するものは実態に即しているのか
③採用と育成の場において、約束するものを十分に提供できる設計になっているか

「嘘がバレる」ということは、本来的には経営者にとってきわめてポジティブな話だ。なぜなら、**組織規模に関係なく、優れた組織戦略をもっている企業が「優秀な人材を確保すること」が、知恵次第ではできるようになった**からだ。

## 図43 「待遇面への満足度」は低いが「社員の士気」は高い 27社は、3つの項目が高い

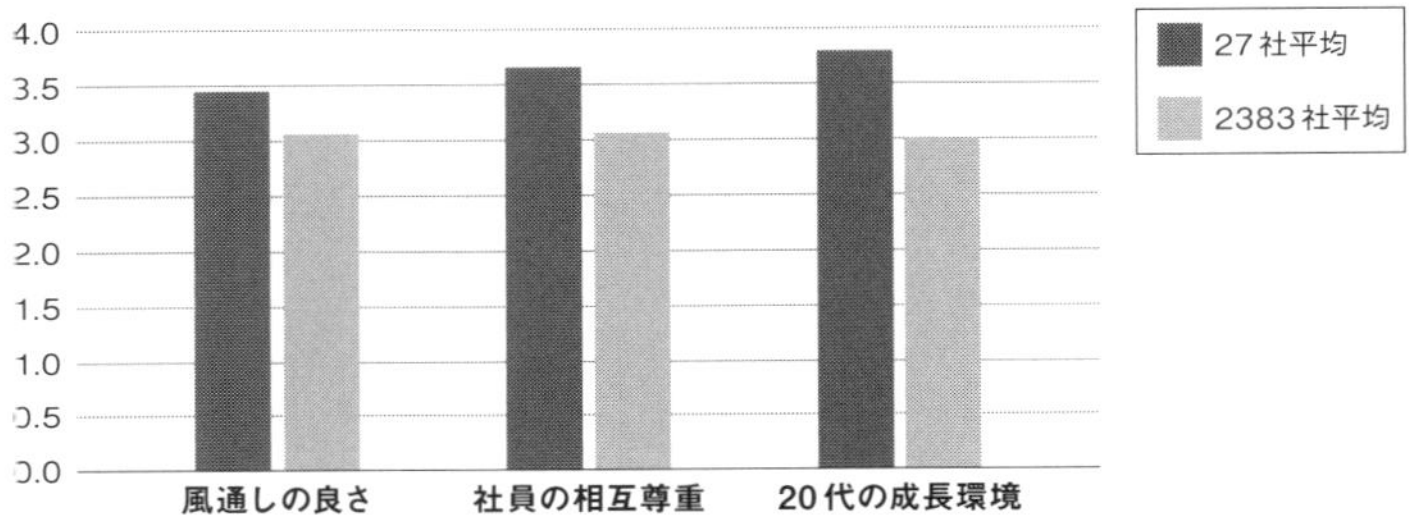


※対象レポート：2014年7月から2019年6月までに投稿された全レポート（ただし、2013年以前の退職者を除く）
※レポートn数：21万3099件、企業n数：2383社を元に著者分析

**27社は「風通しの良さ」「社員の相互尊重」「20代の成長環境」のスコアが平均の数値よりも高い**

「高い給与は払えないが、優秀な人に居続けてほしい」

そう考えるのは、大企業のビジネスセクターではハッキリ言って甘い。ただ、パブリックセクターでは、必ずしもそうとは言いづらい面がある。仕事柄、官公庁やNPOなどの、パブリックセクターのトップ／職員の方とも多く話してきたが、その際に必ず出る問題がある。それが「高い給与を払いづらい状態の中で、どう優秀な人に居続けてもらうのか」だ。これは、何もパブリックセクターに限らず、たとえば中小企業など資金が潤沢ではない企業も同じだ。

経営者としては、彼らのベースアップをしたいと思っていても、業界の構造上、それがしづらいということはある。加えて、官公庁やＮＰＯというのは、そもそも給与を高い水準にすると、世論からバッシングを受ける可能性もある。そのため、ベースアップは厳しい。

では、どうすればいいのか。本書では、これをあきらかにしたいと思っていた。

## オープネス革命の本質とは？

当たり前だが、すべての人が「給与のためだけに働いている」わけではない。最近では、「やりがい搾取」という言葉があるが、一方で、①毎日21時まで働いて年収１０００万円と、②毎日17時まで働いて年収５００万円、どちらがいいかと聞かれたら、意見は人によって分かれるだろう。

あるいは、①ただ機械のように淡々と言われたことだけして年収５００万円と、②自由で裁量がある状態で、その代わり責任も問われる年収５００万円であれば、これもどちらがいいとは一概に言えない。当たり前だが、人それぞれ求めるものは違う。

つまり、**従業員が満足するかどうかは「期待値と実態の乖離」によって決まる。**なぜ、激務と言われる外資系のプロフェッショナルファームでは従業員の満足度が高くなるのかというと、明確に「期待値」をコントロールしているためである。

彼らは最初から厳しい環境であることを認識しながら入社する。そのため、入社後のギャップがないわけだ。反対に、ホワイト企業であることを謳ったり、「人を大事にする」と言いながら実際は過酷な労働を強いたりする企業は、どれだけ先述のポイントを押さえていたとしても、従業員の満足度は下がる。なぜなら、入社後に裏切られたと思うからだ。

言うならば、本質的な変化とは「**仕事に求める要素は大枠で変わっていないが、その中で重要度が前後してきている**」ということなのだ。これが、「職場の空気」が見えるようになったことで実現したオープネス革命の本質なのである。

## 第4章であきらかになった「オープネス」の正体

- 業績が悪くなるとき、最初にオープネスが低下する
- 業績が悪いことをリーダーが社員に「あえて言わない」組織は、回復の機会を逃す
- 「自分たちの実力」と「外部環境」を分けて考えない組織は負ける
- 「勝ち続ける組織」は、勝っているときにも自分たちの「機会損失」を発見できる
- リーダーが「実態を正しく把握」していない組織は、社員の大量離職を招く
- 「結論」だけでなく「思考のプロセス」を明確に語るリーダーが、組織の弱体化を防ぐ
- 事業再生に成功する組織は、「士気の高い部署」から変革する
- 「約束」したものを十分に提供できる企業が、優秀な人材を確保できる

# おわりに

「なぜ、この本を書いたのか？」と問われたら、私はこう答えます。

**あきらかに日本が立ち行かなくなっている理由の1つは、職場のオープネスの低さにあるから、**です。

これは個人も企業も同じです。まず、直感的に考えても、オープンな職場で人と仕事をするのと、クローズドな職場で人と仕事をするのとでは、あきらかに「仕事の進めやすさ」が違います。加えて、すでに述べてきたように、オープネスの高低は業績との相関もあります。オープネスが高いほうが、業績は高い傾向にある。

だとしたら、なぜ職場の「オープネス」は高くならないのでしょうか？

不思議です。私はこの謎を解き明かし、職場のオープネスを1％でも高めたい。そう思って、この本を書きました。

ただ、言うことは簡単でも、実現するのは難しい。すでに述べたように、職場のオープネスを高めることの難しさは、「人間の心の弱さ」にも直結しています。私は以前から、この国の職場が変わるために必要な要素の1つは「衝突に対する理解」だと思ってきました。より具体的に言うと、**本音をしゃべることは、常に人間の「怒り」「恐れ」と直結しているということです。**

たとえば、みなさんにもこうした経験が一度はあるのではないでしょうか。

・いい仕事をしたいと思って意見を述べたら、相手の怒りを買った

・本当のことを話したら相手がめちゃくちゃ感情的になりそうなので、意見を言いづらい

私もたくさんあります。これは本来、必ずしも悪いことではありません。本音で話し、建設的な意見をぶつけあえる場は、いいものをつくるためには必要なはずです。そして、よく言われるように、意見と人格は別です。したがって、建設的な意見に対して怒るというのは筋違いのはずです。

ですが、人間はそんなにロジカルにできていません。だから、怒り、そして恐れます。悲しいけれど、こうした〝前提〟があるのです。

オープネスを高める際に重要なのは、**「人間の弱さ」を前提に設計すること**です。私が好きな小話に、「自転車の鍵」という話があります。

講演などでたまに話すのですが、私は小さいころ、自転車の鍵をかけるのが面倒くさく、いつも開けっ放しで放置していました。田舎ではそれほど問題になりませんでした。ただ、あるとき、その事実を家族に話したら、こう注意されました。

「鍵をかけないことは、〝人間の良心〟という鍵をかけているということ。ただ、人間は弱い。だから、目の前に鍵がかかっていない自転車があったら、普段はとても善良な人でも、その自転車を盗んでしまうかもしれない。だから鍵をかけるのだよ」と。

つまり、「不幸な犯罪」を生み出さないために、鍵をかけなさい。そういう話でした。私はこのとき、なるほど……と、とてもハッとしました。

私は、組織戦略や経営戦略もこれと同じだと思っています。

なぜ、組織には戦略が必要なのか。経営者はなぜ、オープネスを適切なバランスで設計するべきなのか。なぜ、この本を書いたのか。それは、

**人間の心は弱いからこそ、善良な心を保つには知恵がいる**と感じるからです。

これまで述べてきたように、オープネスが高い状態とは、必ずしも「仲良しクラブになること」ではありません。友達のようになんでも話せて、ゆるゆると楽しめる、そういう組織がオープネスの高い組織ではありません。それは共感性の世界です。

むしろ、オープネスが真価を発揮するのは、きちっとしたビジネスシーンです。より正確に言うならば、**オープネスの高い職場とは「成果を出すために、健全に意見をぶつけあえる場」**だと思うのです。

私自身が役員をしているからこそ思いますが、ビジネスは仲良しクラブでも、サークルでもありません。事業が先にあり、ビジョンや目標を成し遂げるべく集まった集団です。言い換えれば、どの世界、どの時代にも、〝ユートピアの組織など存在しない〟ということです。

つまり、本質的にオープネスという概念は、

**・閉鎖的で自分の意見も言えないが、怒られることもなく、機械のように働く職場**

から、

**・開放的で自分の意見を自由に主張できるが、ときとして意見の衝突もあり、厳しさもある職場**

へ移行するためのコンセプトなのです。そして、このコンセプトこそが、日本が立ち行かなくなっている状態を打破するための、重要な要素だと信じています。

魂を削り書いた本書が少しでもみなさんの職場環境づくりにつながれば、著者としてとてもとても本望です。

さて最後に、書籍を出すにあたって、協力を得た多くの方に御礼をお伝えしたいと思います。まずは、編集担当の田中怜子さん。粘り強く丁寧で、読者の立場に立った視点での編集はとても助かりました（すばらしい編集者です！）。次に、編集長の横田大樹さん。